AQA German

A2

Grammar
Workbook

Jeannie McNeill

435MCN

Nelson Thornes

Published in 2013 by:

Nelson Thornes Ltd
Delta Place
27 Bath Road
CHELTENHAM
GL53 7TH
United Kingdom

13 14 15 16 17 / 10 9 8 7 6 5 4 3

A catalogue record for this book is available from the British Library

ISBN 978 1 4085 2015 4

Cover photograph: iStockphoto/Juergen Sack
Illustrations by Andy Keylock
Page make-up by Hart McLeod Ltd, Cambridge
Printed and bound in Spain by GraphyCems

Contents

How to use this book

Transition

The activities and guidance here are to help you bridge the gap between AS and A2. There may be particular areas where you are still not confident or where you wish to revise. Look through this at the start of your course and decide what you need to practise. You can always refer back later in the year.

Order of topics

This book is divided into three sections, each of which corresponds to a topic in the Nelson Thornes AQA German A2 course. While practice activities use simple vocabulary from various subject areas, grammar points are covered in the same order as in the Student Book. This is to help you practise as you go along, reinforcing what you have learned in the classroom with further activities at home.

Mixed practice

At the end of each section there are some mixed practice activities covering the different points you have encountered. You can try these throughout the year or use them for revision while you prepare for your listening, reading and writing exam.

Test yourself

These activities follow a format you are more likely to encounter in the listening, reading and writing paper – hence the rubrics are in German. When you are in the exam you will not be told which grammar points you need to practise, or that a question is particularly geared towards testing your grammar knowledge and accuracy. Therefore it is important to get used to tackling this type of question with confidence.

Longer activities

Some activities will require more extended responses or offer the opportunity for more creative work. For these it will be suggested that you work on a separate sheet of paper. Alternatively you can type up and save your answers to refer to again when revising.

Receptive knowledge only

The AQA specification, which you can consult online, includes a list of the grammatical structures you will be expected to have studied. Some structures are marked with an (R), which indicates receptive knowledge only is required. This means you need to understand phrases and sentences which use the structures but will not need to apply them in your own written and spoken work. Even so, if you are confident in using them yourself you should do so!

Grammatik

These offer extra support in understanding the point being tested. Don't refer to them unless you need to! If you need additional information, go to the grammar reference section of your Student Book.

Tipp

These offer extra 'handy hints' for tackling different questions, remembering particular rules and applying your grammar knowledge in practice.

Grammatik

The definite article *der, die, das*

The German word for 'the' changes its form depending on the gender and function of its noun. It is in one of the four cases.

case	masc.	fem.	neuter	plural
nominative (subject of the sentence)	*der*	*die*	*das*	*die*
accusative (direct object)	*den*	*die*	*das*	*die*
genitive (showing possession)	*des*	*der*	*des*	*der*
dative (indirect object)	*dem*	*der*	*dem*	*den*

Certain prepositions trigger the use of a particular case: see pages 22–24.

> **Tipp**
>
> Masculine and neuter nouns in the genitive take an extra s or -es. This can be a useful way to spot the genitive case in a sentence. Feminine and plural nouns stay the same.
>
> *des* Manns (of the man/the man's)
>
> *des* Arztes (of the doctor/the doctor's)
>
> *der* Frau (of the woman/the woman's)
>
> *des* Mädchens (of the girl/the girl's)
>
> *der* Kinder (of the children/the children's)

1a Underline the nouns in each of these sentences.

   a Der Schauspieler spielt die Rolle sehr gut.

   b Der Russe hat dem Beamten seinen Pass gezeigt.

   c Die Stadtverwaltung versprach den Bürgern bessere Straßen.

   d Der Student fand den Vortrag des Professors besonders interessant.

   e Ich habe meinen Kindern die Folgen der Erderwärmung erklärt.

1b What case are they in? Write **nom.**, **acc.**, **gen.** or **dat.** by each of the nouns you underlined.

> **Tipp**
>
> When plural nouns are in the dative, add -n or -en to the end of their plural form, unless it already ends in -n or -s.
>
> The extra -(e)n is also a useful way of recognising that the noun is in the dative, and might help you understand its purpose in the sentence.
>
> *den* Asylanten to the asylum seekers
>
> *den* Sportlern to the sportspeople

2 Fill the gaps in these sentences with the correct form of the definite article ('the'). Think about which case is needed and check noun genders if you need to.

   a _____ Sportler hat _____ Trainingsschuhe hier gekauft.

   b Das ist _____ Handtasche _____ Professorin.

   c _____ Schülerin zeigte _____ alten Frau _____ Weg.

   d _____ Firma hat _____ Büro in Paris letztes Jahr eröffnet.

   e Sind _____ Kinder _____ Nachbarin zu Hause?

   f _____ Manager sagte "guten Morgen" zu _____ Sekretär.

   g _____ Problem ist, dass wir _____ Buch und _____ Papiere nicht finden können.

   h _____ Bürgermeisterin erklärte _____ Studenten _____ Abteilungen _____ Rathauses.

3a Underline each noun in these sentences and note above it the case it would be in if the sentence were in German: **nom. acc. gen. dat.**

   a Today, the tourist (*f*) is visiting the castle.

   b The inhabitants of the island are very poor.

   c The shop assistant's (*m*) uniform was green.

   d The manager promised the workers more money.

   e The professor (*m*) explained the problem of global warming to the students (*m+f*).

3b Now write the sentences in German on a separate sheet of paper. Check the gender of any singular nouns you're unsure of.

Grammatik

ein and kein

The indefinite article (*ein*) and negative article (*kein*) change depending on the gender and case of the noun they relate to. They both follow this pattern:

case	masc.	fem.	neuter	plural (not *ein*)
nominative	*ein*	*eine*	*ein*	*keine*
accusative	*einen*	*eine*	*ein*	*keine*
genitive	*eines*	*einer*	*eines*	*keiner*
dative	*einem*	*einer*	*einem*	*keinen*

Tipp

When you're reading a German sentence, being able to work out what case a word is in can help you understand its purpose in the sentence, especially where the word order isn't what you expect.

1 What do you know about the four German cases? Explain in English when to use them.

Nominative: _____

Accusative: _____

Genitive: _____

Dative: _____

2 Circle the correct version of *ein* and *kein* in each sentence.

a Wir haben **eine / ein / eines** Schwimmbad hier in der Stadt, aber **keine / keinen / keiner** Sporthalle.

b Ich esse jeden Tag **eine / einer / einen** Apfel, aber **keinen / keine / keinem** Salat.

c Das ist das Haus **einer / eines / einem** jungen Ehepaars. Sie haben **keiner / keines / keine** Kinder.

d Ich sagte **einer / einem / eine** Polizistin, dass ich **keine / keinem / keiner** Ahnung hatte.

e Er fuhr mit **einer / einem / ein** Taxi in die Stadt, weil er **kein / keines / keiner** Auto hat.

f **Ein / Eine / Einer** Verkäufer hat mir **einer / eine / einen** Pullover gezeigt.

3 Fill the gaps in these sentences.

a _____ Vater hat _____ Hund. (*their, a*)

b Hast du _____ Mutter erzählt, dass du _____ Geld verloren hast? (*your, her*)

c _____ Freunde haben _____ Geldstrafen bezahlt. (*my, their*)

d Das ist das Auto _____ Vaters. (*his*)

e Er nimmt _____ Drogen, aber er trinkt manchmal _____ Bier. (*no, a*)

f _____ Eltern haben _____ neues Haus gekauft. (*her, a*)

g _____ Land braucht _____ starke Regierung. (*your – informal plural, a*)

h Wir schenken _____ Vater _____ Computer. (*our, a*)

Grammatik

Possessive adjectives

These follow the same pattern of endings as *ein/kein*.

mein	my
dein	your (informal)
sein	his/its
ihr	her
unser	our
euer	your (plural informal)
Ihr	your (formal)
ihr	their

Ich besuche meinen Onkel. I'm visiting **my** uncle. (accusative)

Hier ist das Haus unsrer Tante. Here's **our** aunt's house/the house **of our** aunt. (genitive)

Ich gab es eurem Bruder. I gave it **to your** brother. (dative)

The **e** in *euer* and *unser* can be dropped when they take an ending.

Tipp

There's no avoiding it! For your German to be accurate, you have to know the gender of each noun you use, to get the correct form of articles, adjectives and pronouns. Look them up and learn them.

You probably know some helpful shortcuts by now for endings or types of nouns which are always masculine, feminine or neuter. Make a list of the ones you know, e.g. *-er* = masculine, *-ung* = feminine, *-um* = neuter

1 Write these pronouns into the correct part of the Venn diagram.

| du | ihn | ihnen | mir | Sie | er | ihr | mich | sie | Ihnen | ich |
| euch | uns | wir | dich | es | ihm |

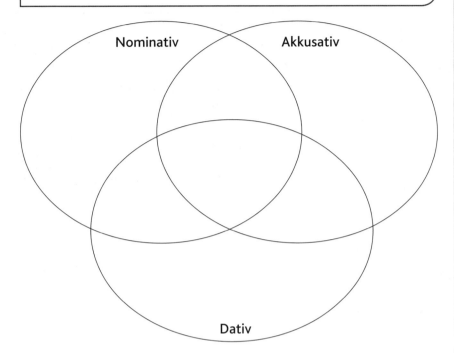

Nominativ   Akkusativ

Dativ

Grammatik

Personal pronouns as subject and object

Just as in English, where 'I' changes to 'me', 'he' to 'him', and so on, personal pronouns in German change depending on their function in a sentence.

nominative (subject)	accusative (direct object)	dative (indirect object)
ich	mich	mir
du	dich	dir
er	ihn	ihm
sie	sie	ihr
es	es	ihm
wir	uns	uns
ihr	euch	euch
Sie	Sie	Ihnen
sie	sie	ihnen

2 Find the pairs (draw lines). Then fill the gaps in these sentences with pronouns in the correct case.

a _____ gab _____ das Buch.

b _____ haben _____ 100 Euro geliehen.

c _____ sagte _____ _____ zuerst.

d _____ hast _____ die Geschichte erzählt.

e _____ sahen _____.

1 we lent him

2 she said it to us

3 they saw him

4 she gave me

5 you told them

Tipp

When you use two pronouns as objects, the accusative comes before the dative:

*Er gab **es mir**.* He gave it to me.

If a noun and pronoun are both used, the pronoun goes first:

*Er gab **mir** das Fahrrad.*

3 Rewrite this text, replacing all of the underlined words with the appropriate pronouns.

Mein Bruder und ich haben Thomas und Anna gesehen. Thomas war mit Anna im Kino. Thomas und Anna hatten den neuen Bond-Film gesehen, aber der Film ist nicht sehr gut. Thomas und Anna haben den Film langweilig gefunden. Anna wollte den letzten Bus nehmen, aber sie hat den Bus verpasst. Sie brauchte Geld für ein Taxi und wir haben Anna das Geld geliehen. Mein Bruder und ich haben uns von Thomas und Anna verabschiedet.

_____

_____

_____

_____

_____

Tipp

Remember, if you want to say 'it', you don't always use *es*. Depending on the gender of the noun 'it' replaces, use *er, sie* or *es*, when 'it' is the subject of a verb.

Likewise, when 'it' is the direct or indirect object, use *ihn, sie, es, ihm* or *ihr*.

1 Find the odd ones out: which of these words are not adjectives? Circle them.

> gesund   praktisch   ruhig   schaden
> steigend   älter   dein   schien   teuer
> erfolgreichsten   unerwartet   leider

2 Add endings to the adjectives in these sentences (if one is needed).

a Ich habe den alt___ Mann mit dem klein___ Hund auf der Straße gesehen.

b Der jung___ Sohn des neu___ Lehrers heißt Klaus.

c Die englisch___ Mannschaft war sehr schnell ___.

d Hast du diese toll___ Hosen im groß___ Kaufhaus gesehen?

e Diese technisch___ Aspekte des Faches finde ich sehr kompliziert___.

f Ich habe den klein___ Kindern die traditionell___ Geschichte erzählt.

Grammatik

1 After the definite article (der, die, das)

When adjectives are used before a noun, they must have an ending. The endings used after 'the' are shown in the table.

	masculine	feminine	neuter	plural
nominative	der __e	die __e	das __e	die __en
accusative	den __en	die __e	das __e	die __en
genitive	des __en	der __en	des __en	der __en
dative	dem __en	der __en	dem __en	den __en

Die große Packung ist teuer. (feminine, nominative)

As you can see, in most instances it's -en. These endings are also used after *dieser, jener, jeder, mancher, welcher, solcher, alle*. See pages 10, 25 and 27 to practise using some of these.

Grammatik

2 After the indefinite article (ein)

These endings are used after words for 'a', and after *kein, mein, dein, sein,* etc.

	masculine	feminine	neuter	plural
nominative	ein __er	eine __e	ein __es	meine __en
accusative	einen __en	eine __e	ein __es	meine __en
genitive	eines __en	einer __en	eines __en	meiner __en
dative	einem __en	einer __en	einem __en	meinen __en

Wir haben einen großen Garten. (masculine, accusative)

Again, most of these are -en. The ones which aren't -en are like the endings of their gender in the nominative.

3 Complete these sentences using adjectives of your own choice, with the correct ending of course.

a Ich habe einen _____ Computer.

b Haben Sie eine _____ Katze gesehen?

c Er ist der Sohn einer _____ Kollegin.

d Ein _____ Spaziergang ist gut für die Gesundheit.

e Wir haben einem _____ Freund die _____ Geschichte erzählt.

f Ich habe eine _____ Fernsehsendung mit einem _____ Schauspieler gesehen.

4 Delete the adjectives with the wrong endings from these German proverbs. Can you work out what they mean?

a **Alte / Alten** Zeiten sind **gute / guten** Zeiten.

_____

_____

b **Alle / Aller** Anfang ist **schwer / schwere**.

_____

_____

c **Anderen / Andere** Länder, **anderen / andere** Sitten.

_____

_____

d Lügen haben **kurzes / kurze** Beine.

_____

_____

e **Bellenden / Bellende** Hunde beißen nicht.

_____

Grammatik

3 With no article in front

	masculine	feminine	neuter	plural
nominative	_er	_e	_es	_e
accusative	_en	_e	_es	_e
genitive	_en	_er	_en	_er
dative	_em	_er	_em	_en

Sie hat blondes Haar. (neuter, accusative)

In this group, most of the adjective endings match the endings that _der/die/das_ would have taken. The nominative and accusative versions will be the most useful.

5 Now practise adjective endings from all three groups (pages 8–9). Add the correct ending in each of these gaps.

a Das groß__ Problem ist, dass wir keine geeignet__ Bücher haben.

b Diese neu__ Sportart ist toll__.

c Unsere ideal__ Kandidatin ist erfahren__ und hat gut__ Qualifikationen.

d Die deutsch__ Sprache ist eine interessant__ Sprache.

e Ledern__ Schuhe sind teuer__.

f Illegal__ Drogen sind gefährlich__ für jung__ Leute.

g Sein älter__ Bruder hat ein rot__ Auto.

h Wir haben unserem klein__ Cousin einen schwarz__ Pullover geschenkt.

i Wie findest du sein neu__ Theaterstück?

j Er hat das modern__ Büro seines neu__ Arbeitgebers jetzt gesehen.

k Mögen Sie französisch__ Essen?

l Ich mache mir groß__ Sorgen um meine best__ Freundin.

Tipp

Think of shortcuts to help you learn the most useful adjective endings:

• Memorise correct familiar phrases containing adjective endings, and apply the same ending elsewhere: _Ich habe braune Augen._ (plural ending with no article)

• Remember that in the first two groups, the endings are mostly -_en_, so you don't have many to learn.

Grammatik

Demonstrative adjectives

dieser   this

jener   that

jeder   each/every

These need endings to match the noun they describe. The endings of these words reflect those of *der, die, das*:

	masculine	feminine	neuter	plural
nominative	-er	-e	-es	-e
accusative	-en	-e	-es	-e
genitive	-es	-er	-es	-er
dative	-em	-er	-em	-en

Dieser Hund beißt nicht.

Ich mag jenes Haus.

Wir sammeln Geld von jedem Schüler.

After these, the same adjective endings are used as after the definite article 'the' (see page 8). See page 27 for more practice of demonstrative and interrogative adjectives.

Interrogative adjective: *welcher?* which?

This question word is an adjective, and changes its ending just like the demonstrative adjectives above.

Welchen Film magst du?

Mit welchem Zug fahren Sie?

1 Fill the gaps by adding the correct endings.

   a Wie alt ist jen__ Gebäude? (*n*)

   b Ich war schon in jen__ Bioenergiedorf. (*n*)

   c Jed__ Bauart ist interessant. (*f*)

   d Die Ideen dies__ Naturwissenschaftlers sind gestohlen worden. (*m*)

   e Teilen Sie dies__ Vorurteil? (*n*)

   f Dies__ Dokumentarfilm finde ich nicht gut. (*m*)

2 Which of the endings on *welch* are correct? Tick them, and correct any that are wrong.

   a Welche Haus ist das? ☐

   b Welchen Farbe mag sie? ☐

   c Das ist das Büro welcher Kollegen? ☐

   d Welcher Film hast du am liebsten gesehen? ☐

   e Welchem Manager hat er das gesagt? ☐

   f Welchem Vorbilder hast du im Sport? ☐

Tipp

Keep checking and learning the gender of nouns! To make sure your German is really accurate, you need to know the gender to get the right endings on these demonstrative and interrogative adjectives.

3 Complete the sentences.

   a Was kosten _____ Wanderschuhe? (*these*)

   b _____ Stück Kuchen nimmst du? (*which*)

   c _____ Stunde in der Oberstufe dauert 50 Minuten. (*every*)

   d Sie wohnt in _____ Wohnung da drüben. (*that*)

   e Wir müssen uns mit _____ Problem beschäftigen. (*this*)

   f Aus _____ Gründen glauben Sie daran? (*which*)

   g _____ Jahr fahren wir ins Ausland. (*every*)

   h _____ Methoden waren nicht erfolgreich. (*those*)

   i _____ Essen enthält reichlich Vitamine. (*this*)

   j Ist das die Jacke _____ Frau? (*of that*)

1 Find the odd ones out. Which of these verbs are NOT regular?

behaupten	entdecken	erfinden	forschen	lächeln	lernen
randalieren	sich ändern	stehlen	warten	zwingen	

2 Write the German for the following. Clue: the verb infinitives are in the word chain.

a you (*formal*) understand _____

b the government is paying _____

c the computer works _____

d my parents have breakfast _____

e the students are researching _____

f you (*informal, plural*) are waiting _____

g my brother is smiling _____

h she does play football _____

spielenfunktionierenlächelnforschenfrühstückenwartenzahlenverstehen

3 Complete the table for these reflexive verbs.

	sich amüsieren	sich beeilen
(English)	**to amuse/enjoy oneself**	
ich		
du	amüsierst dich	
er/sie/es/man		
wir		
ihr		beeilt euch
Sie/sie		

4 Complete these sentences with the present tense of the verb given at the end.

a Meine Schwester und ich _____ _____, ob sich das lohnt. (**sich fragen**)

b Er _____ _____ ständig die Haare. (**sich kämmen**)

c Jedes Jahr _____ _____ die Arbeitsbedingungen. (**sich ändern**)

d _____ du _____ für Politik? (**sich interessieren**)

Grammatik

Present tense: regular verb endings

Find the stem of the verb by removing *en* or *n* from the infinitive. Add these endings, depending on who/what is the subject:

*spiel*en (to play)

ich spiele

du spielst

er/sie/es/man spielt

wir spielen

ihr spielt

Sie/sie spielen

If the stem ends in -*t*, -*d*, or -*n*, add e after it, in the *du, er* and *ihr* forms, to make them easier to say: *er arbeitet, ihr redet, es regnet*.

Grammatik

Reflexive verbs

Regular reflexive verbs have the same endings as other regular verbs, but you also need a reflexive pronoun with them.

*ich interessiere **mich***

*du interessierst **dich***

*er/sie/es/man interessiert **sich***

*wir interessieren **uns***

*ihr interessiert **euch***

*Sie/sie interessieren **sich***

See page 29 for more practice.

Tipp

Check whether a German verb is regular (weak) or irregular (strong), so that you know which pattern of endings to follow.

- Look it up in a dictionary ('irreg.').

- Look for it in a list of irregular verbs, like the one starting on page 66. If it's not on the list, and it's not a compound of one on the list (e.g. *versprechen* is a compound of *sprechen*), then it's regular.

Remember, German present tense is simpler than English: *ich spiele* means 'I play', 'I am playing' and 'I do play'. No need for different forms!

1 Complete the table for the present tense of these irregular verbs.

	helfen	schlafen	essen
ich	helfe		
du			
er/sie/es/man			
wir			
ihr			
Sie/sie			

2 Add the verbs to these sentences. Choose from the infinitives in the box – there are more than you need.

a Was _____ ihr zum Abendessen?

b Meine Freundin _____ fließend Französisch.

c Alex _____ jede Woche seine Mutter im Café.

d Der Physiklehrer _____ diesen Sommerkurs für die Ferien.

e Wie viele Stunden _____ du normalerweise?

f _____ ihr, wann sie kommt?

g Es _____ leider keine Antwort auf diese Frage.

h _____ der Manager wirklich kein Problem damit?

> essen   empfehlen   geben   haben   fallen
> schlafen   wissen   treffen   sprechen

3 *Sein, haben* or *werden*? Add the correct present tense forms. There may be more than one option.

a Durch gesundes Essen _____ man schlanker.

b Neue medizinische Technologien _____ viel Erfolg.

c _____ ihr nervös?

d Gute Ernährung _____ für Kinder in der Dritten Welt sehr wichtig.

e Du _____ dieses Jahr Studentin.

f Schade, dass ihr kein Geld _____ .

g Solarkraftwerke _____ jetzt überall zu sehen.

h Ausländische Mitbürger _____ manchmal Integrationsprobleme.

i Wenn ich öfter spiele, _____ ich fitter.

Grammatik

In the present tense, irregular verbs only change in the *du* and *er/sie/es* forms, where you'll see a change to the vowel of the stem. The rest of the verb works the same way as regular verbs do.

fahren → *du fährst, er/sie/es fährt*

tragen → *du trägst, er/sie/es trägt*

geben → *du gibst, er/sie/es gibt*

nehmen → *du nimmst, er/sie/es nimmt*

For the perfect and imperfect tenses, you need to learn the patterns (see pages 15–16 and 36–37).

Grammatik

sein, haben, werden

The most useful irregular verbs are *sein, haben* and *werden*, which are all also used to form other tenses. Make sure you know their present tense.

***sein* to be**

ich bin, du bist, er/sie/es/man ist, wir sind, ihr seid, Sie/sie sind

***haben* to have**

ich habe, du hast, er/sie/es/man hat, wir haben, ihr habt, Sie/sie haben

***werden* to become**

ich werde, du wirst, er/sie/es/man wird, wir werden, ihr werdet, Sie/sie werden

Tipp

Just as in English, the most common and useful verbs in German are irregular. So, make sure you know the patterns of the ones you're likely to need, and know where to find out about the others.

See pages 66–70 for a list of irregular verbs. The *er/sie/es* part of the verb is shown.

1a Quick revision: what do these mean in English?

    a wir wollen _____   **d** müssen Sie? _____

    b ihr könnt _____   **e** sie darf _____

    c du sollst _____   **f** wir mögen _____

1b Can you think of three features which all modal verbs have in common? Make a list in English.

_____

_____

_____

2 Complete these sentences with a pair of verbs (modal verb + infinitive) from the box.

> dürfen + gehen   sollen + sagen   müssen + anfangen
>
> müssen + aufstehen   sollen + sein   mögen + sehen   sollen + helfen
>
> können + schaffen   wollen + verlassen   dürfen + rauchen

    a _____ du mit ins Kino _____?

    b Ihr _____ jeden Tag um sechs Uhr _____.

    c Mein Freund _____ nächstes Jahr die Schule _____.

    d Wir _____ es in zwei Tagen _____.

    e Hier _____ man nicht _____.

    f Sie _____ uns damit _____.

    g Ich _____ nicht Fußball _____.

    h Die Leiterin des Unternehmens _____ sehr reich _____.

    i Man _____ immer die Wahrheit _____.

    j Die Arbeiter _____ pünktlich um neun _____.

3 Translate these sentences into German, using modal verbs.

    a The students want to protest against nuclear power.

    _____

    b They don't have to solve the problem immediately.

    _____

    c Politicians must be hardworking and act sensibly.

    _____

    d We should try everything in order to save the environment.

    _____

    e Eighteen-year-olds are allowed to drink alcohol, but they must not drink in school.

    _____

    f We would like to use more solar energy in our factory.

    _____

Grammatik

Modal verbs: present tense

These are mostly used with an infinitive of another verb, which goes at the end of the sentence.

*Ich **muss** lange Stunden **arbeiten**.*

*Wir **dürfen** nach Hause **gehen**.*

Their singular forms are irregular:

	ich	*du*	*er/sie/ es/man*
wollen	*will*	*willst*	*will*
können	*kann*	*kannst*	*kann*
sollen	*soll*	*sollst*	*soll*
müssen	*muss*	*musst*	*muss*
dürfen	*darf*	*darfst*	*darf*
mögen	*mag*	*magst*	*mag*

The plural forms *wir, ihr, Sie/sie* follow the same pattern as regular verbs.

Tipp

mögen → möchten

This verb is often used in its subjunctive form: *möchten*:

ich möchte I would like

sollen → sollten

You'll often hear *ich sollte* rather than *ich soll*. This is a common subjunctive form, meaning 'I ought to/should'.

wollen

Remember *ich will* means 'I want to', not 'I will'.

müssen

ich muss nicht = I don't have to

It doesn't mean 'I must not', which is conveyed by *ich darf nicht*.

Transition: Separable verbs

1 Circle the six separable verbs.

> entnehmen   herausfinden   losfahren   erziehen   gefallen
>
> teilnehmen   weiterstudieren   zerstören   abräumen   aufmachen
>
> empfehlen   bestellen

2 Translate these sentences into English.

a Am Samstag nehmen wir an der Demo gegen die Kernkraft teil.

_____

b Er hofft, an der Universität in Jena weiterzustudieren.

_____

c Ich finde die neuen Maßnahmen wirkungsvoll, weil sie die Arbeitslosigkeit verringern.

_____

d Räumen Sie bitte diese Papiere weg!

_____

e Sobald er ankam, fuhren wir los.

_____

3 Fill the gaps in these sentences with separable verbs. Choose from the box.

> abholen   zumachen   aufräumen   fernsehen   zurückzahlen
>
> mitmachen   vorstellen   herstellen   einführen   herunterbringen

a Mein Bruder _____ nie sein Schlafzimmer _____ .

b Thomas macht am Samstag Fitnesstraining: _____ du

_____ ?

c _____ bitte die Tür _____ !

d Es war schwierig, den verletzten Skifahrer von der Piste

_____ .

e Der Dozent _____ sich jeder neuen Klasse _____ .

f Ich weiß, dass ich abends zu viel _____ .

g Mach dir keine Sorgen, wir _____ das Geld bald

_____ .

h Es ist kompliziert, neue Technologien _____ .

i Wir müssen die Kinder um fünf Uhr von der Schule _____ .

j Hier in der Fabrik _____ man Fernsehgeräte

_____ .

Grammatik

Separable verbs are frequently used in German. In the infinitive form, the **prefix** is attached to the main verb:

zumachen to close

When used in main clauses, the **prefix** is placed at the end of the sentence, if in the present, imperfect or imperative.
The **main part** of the verb is in its usual place (second idea).

aufstehen to get up →

Ich **stehe** um sieben Uhr **auf**.

Er **stand** gestern um sechs **auf**.

**Steh auf**!

Separable prefixes are also words in their own right. There are many different ones, including:

ab an auf aus ein fest heraus los mit nach vor zu

For separable verbs in the perfect tense, see page 38.

Inseparable verbs

Not all verbs with a prefix are separable verbs! Some prefixes stay attached to the main part of the verb at all times. These ones can't be words in their own right. Examples are:

be-, emp-, ent-, er-, ge-, ver-, zer-

e.g. _verstehen, empfehlen_

See page 38 for more on these.

Tipp

- In a subordinate or relative clause, where the verb is sent to the end, the prefix and main part of the separable verb are joined together:

... weil er sehr oft **fernsieht**.

- When using _zu_ + infinitive, put the _zu_ between the prefix and the infinitive:

um das Wohnzimmer **aufzuräumen**

(See page 21 for practice of _zu_ + infinitive.)

Tipp

These are sometimes separable and sometimes inseparable.

durch- hinter- über- um- unter- voll- wider- wieder-

Compare the prefix in these two verbs:

unternehmen (to undertake, inseparable) – _Ich unternehme zu viel._

untergehen (to sink, separable) – _Die Sonne geht unter._

Grammatik

The perfect tense: regular verbs

Use the perfect tense to cover any event in the past: to say, for example, 'I played', 'I have played' or 'I was playing'.

Regular (weak) verbs use an auxiliary verb (usually *haben*), and a past participle, formed by adding *ge- -t* to the verb stem. Add an extra *e* to a stem ending in *-t*, *-d*, or *-n*.

spielen → ich habe **ge**spiel**t**

arbeiten → ich habe **ge**arbeit**et**

regnen → es hat **ge**regn**et**

There are some exceptions:

- With separable verbs, the *ge-* goes after the separable prefix:

  einkaufen → ich habe ein**ge**kauft

- Verbs which begin with *be-* or *ver-*, and verbs which end with *-ieren* do not add the *ge-* to the participle:

  besuchen → ich habe besucht

  versuchen → ich habe versucht

  organisieren → ich habe organisiert

If necessary, revise the present tense of *haben* on page 12. Turn to page 16 for the perfect tense of irregular verbs.

1 Underline the perfect tense phrases

siewirdTennisspielenwirhabenesgemachtkochstdugernsiebeurteilendieJugendlichenmanhatnichtsgesagteramüsiertsichsiehabenhiergewohntesmachteSpaßichhabeniegerauchtersparteGeld

2 Unjumble these perfect tense sentences.

a im Werbespot gemacht Wir Fernsehen haben einen

_____

b viele verkauft Firma Die hat Produkte

_____

c organisiert Die eine Studenten Demonstration haben

_____

d der teilgenommen Hast Konferenz an du?

_____

3 Write sentences in the perfect tense, incorporating the elements given in brackets.

a Ich _____. (nie, rauchen)

b Du _____. (nichts, sagen)

c Meine Kollegin _____. (**das Taxi, bezahlen**)

d Die Regierung _____. (**Geld, verschwenden**)

e Die Arbeiter _____. (**gegen die langen Stunden, demonstrieren**)

f Meine Freundin und ich _____. (**energiesparende Maßnahmen, einführen**)

g Man _____. (**die Alarmanlage, reparieren**)

h _____ Sie _____? (**ein neues Auto, kaufen**)

i Es _____. (**zwei Wochen lang, regnen**)

j Ihr _____. (**die Ferienwohnung, reservieren**)

1a Complete the past participles. Look them up if you need to.

finden	g_f__d__	lesen	g__e___	bringen	g_b____t
singen	g__u____	geben	g_g____	wissen	g_w___t

_____ _____ _____ _____ _____ _____

schließen g_s__l____n   treiben g_t___b__

helfen g__o____   scheinen g____i__e_

ziehen g___g__   _____ _____

_____ _____

Grammatik

Past participles of irregular (strong) verbs

Most irregular verbs keep the -en of the infinitive in their past participle, with a vowel change in the stem. As they follow different patterns, it's essential to learn as many as you can: see the verb list on page 66.

nehmen → ich habe genommen

schreiben → ich habe geschrieben

1b Can you identify five patterns in the participles above? Add one more verb to each group. Check those answers in the list starting on page 66.

2 Match up the pairs. Then complete each sentence with the past participle of a verb from the box.

a Wir sind mit der Straßenbahn

b Hast du

c Letztes Wochenende seid

d Ich habe seine Worte gar

e Er hat meiner Freundin illegale

f Die Einwohner des Dorfes

g Die Freiwilligen sind ein Jahr

h Haben Sie den

1 in Afrika _____.

2 Drogen _____.

3 meine Brille _____?

4 nicht _____.

5 sind böse _____.

6 in die Stadt _____.

7 ihr zur Buchmesse in Frankfurt _____.

8 Bericht _____?

Grammatik

Verbs using *sein*

Use *sein* as the auxiliary verb in the perfect tense for verbs of motion and verbs involving a change of state.

fahren → ich bin gefahren

aufsteigen → ich bin aufgestiegen

sterben → er ist gestorben

Other important verbs which use sein in the perfect tense are:

sein → ich bin gewesen

werden → ich bin geworden

bleiben → ich bin geblieben

To revise the present tense of *sein*, see page 12. For more practice of irregular verbs in the perfect tense, see page 37.

> sehen   verstehen   bleiben   fliegen   fahren   anbieten   werden   schreiben

3 Fill the gaps with the correct auxiliary and past participle. Use verbs from the box.

a Ich _____ zum Thema Umweltschutz einen Artikel _____.

b Meine Arbeitskollegin _____ nach der Arbeit in die Volkshochschule _____.

c Leider _____ meine Schwester ihre Kreditkarte _____.

d Herr Stickler _____ mit dem Zug _____. Er _____ in Graz _____.

e Lena und ich _____ die Flaschen zum Container _____, aber wir _____ die Plastiktüten nicht _____.

> umsteigen   verlieren   mitnehmen   fahren   bringen   beitragen   gehen

Tipp

These verbs have the vowel change of irregular verbs, but the -t past participle ending of regular verbs. (See page 70.)

brennen   bringen   denken

kennen   nennen   rennen

senden   wenden   wissen

1 Put the correct imperfect endings on these regular verbs.

 a Wie viel Geld verdien____ du damals?

 b Der Gruppenleiter organisier____ die letzte Versammlung.

 c Thomas kauf____ seinen Computer im Internet.

 d Vor drei Monaten heirat____ Thea und Max am Strand in Sri Lanka.

 e Man lös____ das Problem nicht.

 f Vor zwei Jahren wohn____ ich noch in der Schweiz.

2 Re-write these sentences in the imperfect tense.

 a Dieses Thema führt oft zu Auseinandersetzungen.

 _____

 b Leider diskriminiert man die Einwandererfamilien in dieser Hinsicht.

 _____

 c Diese Maßnahmen kosten eine riesige Summe.

 _____

 d Wovon träumst du? _____

 e Wir bauen uns ein neues Leben hier in Deutschland auf.

 _____

 f Sie lernen Ihre Kollegen kennen.

 _____

 g Wir führen diese Transplantationstechnologie ein.

 _____

 h Ihr kauft das Gemüse frisch vom Markt.

 _____

3 Translate these sentences into German, using the imperfect tense.

 a It was hot in the supermarket.

 _____

 b She had bad luck in her career.

 _____

 c There was a swimming pool in the hotel.

 _____

 d I had to clear up the flat.

 _____

 e I wanted to understand the problems with it better.

 _____

 f I couldn't download the book.

 _____

Grammatik

The imperfect tense: regular verbs

The imperfect tense (simple past) is an alternative to the perfect tense. It tends to be used more in written German but can also be used in speech. Take the stem (eg. *spielen*) and add these endings:

*ich spiel**te***

*du spiel**test***

*er/sie/es/man spiel**te***

*wir spiel**ten***

*ihr spiel**tet***

*Sie/sie spiel**ten***

If the stem ends in -*t*, -*d* or -*n*, add an extra *e* before the ending: ich *arbei**te**te*, es *reg**ne**te*.

For irregular verbs see page 66, and to practise them, see page 36.

Tipp

You'll often see and use the imperfect forms of these verbs to talk about the past:

haben → ich hatte

sein → es war

geben → es gab

Modal verbs are often used in the imperfect to talk about the past, as it's simpler than their form in the perfect tense:

ich musste

ich wollte

ich konnte

ich durfte

1 Fill the gaps in these future tense sentences.

a Meine Eltern _____ diese Entscheidung nie _____.

b Die Regierung _____ eine bessere Wasserversorgung _____.

c Du _____ Geld für die neue Sportkleidung _____.

d Hoffentlich _____ wir den Zug nicht _____.

e _____ ihr nach Costa Rica _____?

f Die Forscher _____ neue medizinische Technologien _____.

| will understand | will travel | will need |
| will organise | will miss | will discover |

2 Unjumble these future and conditional sentences. Translate each one into English.

a und der Maschinenbau Andreas studieren ich später an Uni werden

_____

_____

b zur Wirst Helena kommen du Party bei?

_____

_____

c mit wird verschmutzen die Luft Autoabgasen Man

_____

_____

d reisen Welt Ich um würde die

_____

_____

e protestieren die Wir gegen würden Atomkraft

_____

_____

f einen Bruder Porsche kaufen Mein und ihn sehr fahren würde schnell

_____

_____

3 Write five things you will do this weekend, and five things you would do if you had more time. Compare answers with a partner.

1 Ich werde ...

2 _____

3 _____

4 _____

5 _____

1 Ich würde ...

2 _____

3 _____

4 _____

5 _____

Grammatik

The future tense

This one is easy! Use the present tense of *werden* with an infinitive at the end of the clause:

ich werde

du wirst

er/sie/es/man wird

wir werden

ihr werdet

Sie/sie werden

Ich **werde** im Krankenhaus **arbeiten**. I will/I'm going to work in the hospital.

Es **wird** Umweltprobleme **geben**. There will be/There are going to be environmental problems.

For more extensive practice of the future tense, see page 44.

Grammatik

The conditional

This one is easy too! To say what you **would** do (if things were different), use *würden* with an infinitive at the end of the clause.

ich würde

du würdest

er/sie/es/man würde

wir würden

ihr würdet

Sie/sie würden

Was **würdest** du mit 50 000 Euro **machen**?

Ich **würde** einen Mercedes **kaufen**.

Würden is the imperfect subjunctive form of *werden*.

Where a sentence like this is unwieldy, the imperfect subjunctive of the main verb is used instead: *ich würde ... können → ich könnte ...*

For more practice of the conditional, see page 51.

Tipp

You can also use a time expression + the present tense to talk about the future.

Nächsten Sommer fahre ich nach Spanien.

1a Underline the qualifiers in these sentences.

   a Der Bericht ist ja wenig relevant.

   b Er muss doch sehr überrascht sein!

   c Deine Entscheidung ist eben recht enttäuschend.

   d Wir verstehen kaum, wie man das so macht.

   e Es wäre besonders interessant, mal Ihre Meinung zu hören.

1b Now circle any particles in the sentences above.

2a Translate these sentences with qualifiers into German.

   a They are hardly at home.

   _____

   b English is a particularly difficult language.

   _____

   c The book isn't very interesting.

   _____

   d That's really disappointing.

   _____

   e His decision is hardly surprising.

   _____

2b On a separate sheet of paper, insert a particle into each German sentence from 2a. There are various options for adding emphasis. For each one, explain in English the meaning you have conveyed.

3 Lengthen these sentences by inserting particles and/or qualifiers in relevant places.

   a Die neuen Technologien sind nützlich.

   b Das ist nicht schlimm.

   c Ich möchte den Wein probieren.

   d Das ist unmöglich.

   e Kinder mögen solche Produkte.

   f Der Artikel gefällt mir.

Grammatik

Qualifiers

Place these in front of adjectives, adverbs, verbs and nouns to show emphasis or degree.

sehr	very
besonders	particularly
kaum	hardly
recht	really
wenig	not very, little

Grammatik

Particles

These are used to add emphasis or character to a sentence. Here are some examples with approximate meanings; they can be difficult to translate directly into English.

doch — To contradict something said previously, or to intensify a command. Use an exclamation mark!

Das ist **doch** nicht wahr! That **can't** be true!

_ja_ — To invite agreement or to add emphasis (like 'really' in English):

Sie wissen **ja**, wie er ist. You **do** know what he's like.

mal — To encourage or persuade:

Darf ich es **mal** sehen? Can I **just** have a look too?

schon — For extra emphasis or to concede a point:

Es macht **schon** Spaß. It **really** is fun.

eben — To show agreement (you can also use _genau_):

Ja, **eben**. Yes, **exactly**.

1 Which words in the chain are NOT conjunctions? Find them!

weilwennhatobundalsdenndamitaberwarobwohloderschlankseitdembevorwährendmaldass

2 Circle the correct conjunction and underline the verb which follows it.

a Ich muss warten, **denn / bis / und** wir die Ergebnisse bekommen.

b Der Versuch war erfolgreich, **aber / oder / wenn** die Kosten waren zu hoch.

c Wir haben Geld gespendet, **denn / weil / damit** wir Kindern in der Dritten Welt helfen wollten.

d Ich war nicht böse, **sondern / oder / wenn** ich war enttäuscht.

e Er kaufte die Sportkleidung, **damit / obwohl / denn** er fitter werden konnte.

f **Damit / Ob / Aber** wir mehr verdienen können, arbeiten wir länger.

3 Join the pairs of statements to make one sentence, using the conjunction given. You might need to remove and rearrange words.

Example:

Die Projektkosten sind sehr hoch. Der Strom ist besonders teuer. (**da**)

Die Projektkosten sind sehr hoch, da der Strom besonders teuer ist.

a Es ist schwierig für die Obdachlosen. Es ist nachts besonders kalt. (**weil**)

_____

b Vor zwei Jahren habe ich die Schule verlassen. Ich konnte einen Job finden. (**damit**)

_____

c Das Projekt war erfolgreich. Der Manager war dagegen gewesen. (**obwohl**)

_____

d Er fährt nicht mit dem Zug. Er fliegt nach Paris. (**sondern**)

_____

e Die Fabrik wurde geschlossen. Wir haben Urlaub genommen. (**während**)

_____

f Ich habe mich beschwert. Das Hotelzimmer war zu klein und dunkel. (**da**)

_____

g Das Wetter war schrecklich. Er ist in der Stadt angekommen. (**als**)

_____

h Die Arbeitsbedingungen waren schlecht. Wir haben dagegen protestiert. (**bis**)

_____

Grammatik

Coordinating conjunctions

These conjunctions join two statements into one without affecting the word order.

aber	but
denn	for (because)
oder	or
sondern	but (after a negative)
und	and

*Der Chef ist zufrieden, **denn** die Produktion **ist** gestiegen.*

*Er geht nicht zur Schule, **sondern** er lernt zu Hause.*

Grammatik

Subordinating conjunctions

These send the main verb to the end of their clause. There is always a comma before them.

*Ich finde, **dass** er zu ungeduldig **ist**.*

Here are some you should know and be able to use:

als	when (for one-off events, usually in the past)
bis	until
da	as
damit	in order that
dass	that
ob	whether
obwohl	although
so dass	so that
sobald	as soon as
während	while
weil	because
wenn	whenever, if

For more practice, see page 53.

1 Complete these sentences, using *zu* and an infinitive from the list.

a Ich hoffe, _____.
(*to study German at university*)

b Er hat uns gebeten, _____.
(*to recycle old clothing*)

c Wir haben vor, _____.
(*to emigrate to Australia*)

d Ihr wurde empfohlen, _____.
(*to drink less alcohol*)

e Meine Chefin hat beschlossen, _____.
(*to buy new computers for the office*)

f Man hat ihm befohlen, _____.
(*to pay back the money*)

> zurückzahlen   auswandern   trinken   kaufen   studieren   recyceln

2 Unjumble these sentences. Insert a comma in each completed answer.

a retten Es unmöglich ihr war Leben zu

_____

b so war Es wenigen zurechtzukommen mit Ressourcen sehr schwierig

_____

c Er stundenlang machen arbeitet eine Pause zu ohne

_____

d Wir in kaufen die Stadt gefahren sind Lebensmittel anstatt
hier zu

_____

e Der schreibt einen Minister Bericht seine Partei um zu beruhigen

_____

3 Translate these sentences into German, using *um ... zu, ohne ... zu* or
anstatt ... zu.

a I bought a computer, in order to work at home.

_____

b Without buying a ticket, you can't travel by tram.

_____

c He found a job in London, instead of staying in Hamburg.

_____

d We recycle plastic bags to save money.

_____

Grammatik

Use *zu* + infinitive together at the end of the clause:

1 After verbs like these, when they would be followed by 'to' in English

versuchen to try

beschließen to decide

vorhaben to plan

Ich versuche, die Statistik ***zu verstehen****.* I'm trying to **understand** the statistics.

2 In impersonal phrases: after adjectives or nouns, when used with a verb. You must add a comma after the first clause:

Es ist angenehm, It's pleasant/nice

Es ist un(ge)recht, It's unjust

Es hat keinen Zweck, There's no point

Ich habe die Gelegenheit, I've got the opportunity

Es ist angenehm, alte Freunde ***zu sehen****.* It's pleasant **to see** old friends.

3 With *um, ohne, anstatt* to make these useful phrases:

um ... zu in order to ...

ohne ... zu without ...

anstatt ... zu instead of ...

Was sollen wir machen, ***um*** *das Problem* ***zu lösen?*** What are we to do, **in order** to solve the problem?

Ich will mich nicht entscheiden, ***ohne*** *die Tatsachen* ***zu kennen****.* I don't want to decide, **without knowing** the facts.

Er sollte handeln, ***anstatt*** *darüber* ***zu reden****.* He should act, **instead of talking** about it.

Note again the comma before the *zu* clause in all the example sentences above.

See page 59 to practise another infinitive construction: lassen with an infinitive (without *zu*).

Tipp

zu

With separable verbs, *zu* goes in the middle of the infinitive:

Die Polizei versucht, Diebe ***abzuschrecken****.*

Topic 1: Fixed case prepositions: accusative, genitive

1 Fill the gaps. Check genders of nouns if you need to. Then fill the gap in each English translation.

a Sie fahren d___ Straße entlang.

b Die Frau geht um d___ Ecke.

c Ich habe gegen d___ Atomkraft demonstriert.

d Der Polizist ist durch d___ Gebäude gelaufen.

e Die Politikerin ist für d___ Integration von ausländischen Mitbürgern.

f Ohne mein___ Vater hätte ich es nie geschafft.

g Die Ausstellung dauert bis nächst___ Sommer.

_____ the garden   _____ the building

_____ the integration of foreigners   _____ atomic power

_____ my father   _____ next summer

_____ the street

2 Complete the sentences to match the English cues in brackets.

a _____ ___ Sommerferien fahren wir in die Türkei. (*during the*)

b Ich habe die Hose _____ ___ Jacke gekauft. (*instead of the*)

c _____ ___ Problems der Umweltverschmutzung sollten wir mehr recyceln. (*because of the*)

d Wir haben das nur _____ ___ Familie gewusst. (*inside the*)

e _____ ___ Wetters sind wir zum Strand gegangen. (*in spite of the*)

f Ich habe _____ ___ Sportstunden Basketball gespielt. (*outside the*)

3a Underline the prepositions in these sentences. Then write **A** (accusative) or **G** (genitive) in the box, and fill the gaps.

a Wir wohnen außerhalb d___ Stadt. ☐

b Er bleibt wegen sein___ Krankheit zu Hause. ☐

c Ohne unser___ Lehrer können wir nichts machen. ☐

d Gehen Sie bitte durch dies___ Tür! ☐

e Trotz d___ Problems war es sehr interessant. ☐

f Ich bin total gegen d___ neue Gesetz. ☐

3b On a separate sheet of paper, translate the sentences into English. Then hide the originals and try translating your English sentences back into German.

Grammatik

Prepositions taking the accusative

These include:

für	for
um	around
durch	through
gegen	against
entlang	along (follows the noun)
bis	until/as far as
ohne	without
wider	against

*Ich gehe **durch den** Markt.* I go through the market.

*Er ist **gegen den** Krieg.* He is against the war.

Use the mnemonic 'FUDGEBOW' to help you remember these.

Prepositions taking the genitive

These include:

(an)statt	instead of
außerhalb	outside
innerhalb	inside
trotz	in spite of
während	during
wegen	because of

***außerhalb der** Familie* outside the family

***während des** Sommers* during the summer

Tipp

These little words connect a noun or pronoun to other elements in a sentence. They give detail on 'where', 'when' or 'how'. In German, prepositions are always used with one of the grammatical cases. (For a reminder about cases, see page 5.)

Prepositions taking the genitive are less common, but they give you some useful phrases to show that you can use this case. Remember that the genitive often includes the word 'of' in English.

You will need to add -*s* or -*es* to singular nouns if they are masculine or neuter.

wegen des Wetters because of the weather

trotz der Probleme in spite of the problems

1 Find the correct preposition in the box, and fill both gaps in each sentence.

außer	mit	bei	entgegen	nach	aus	seit	zu	von	gegenüber

a Ich komme _____ d____ Schweiz.

b Fahren Sie _____ d____ Taxi?

c Das Buch ist _____ mein____ Lieblingsautorin.

d _____ mein____ Schwester haben wir alle braune Haare.

e Das Schwimmbad liegt d____ Kino _____.

f Wir arbeiten hier _____ ein____ Woche.

g Wollt ihr _____ mein____ Party kommen?

h Wir gingen ____ Hund _____.

i Wir haben _____ mein____ Vater übernachtet.

j _____ d____Film haben wir italienisch gegessen.

2 *Zum, zur, vom* or *beim*?

a Wir gehen heute Abend ____ Konzert.

b Sie sind jetzt nur 500 Meter ____ Kino entfernt.

c Ich kann leider nicht ____ Vorlesung kommen.

d Meine Kollegin ist heute Nachmittag ____ Zahnarzt.

e Wir müssen morgen ____ Konferenz gehen.

f Hast du die Wurst ____ Metzger gekauft?

3 Complete the sentences with a preposition and a dative form.

a Essen wir heute Abend _____ _____? (*at my house*)

b Er ist _____ _____ angekommen. (*after us*)

c Sie kam _____ _____ . (*towards me*)

d Morgen feiern wir _____ _____. (*at your house – informal, plural*)

e Willst du _____ _____ gehen? (*with her*)

f _____ _____ waren alle fertig. (*except him*)

Grammatik
Prepositions taking the dative

These include:

aus out of, made of, from

außer except

bei at the house of, with, by

entgegen towards (normally follows the noun)

gegenüber opposite (often follows the noun)

mit with, by (transport)

nach after, according to

seit since, for (time)

von from, by, of

zu to

*Sie wohnen **seit einem** Jahr hier.*
They've lived here for a year.

*Wir gingen **der** Frau **entgegen**.*
We went towards the woman.

Remember that when prepositions are used with pronouns, the pronoun must be in the correct case. Here is a reminder of dative forms of pronouns:

nom.	**dat.**
ich	*mir*
du	*dir*
er	*ihm*
sie	*ihr*
wir	*uns*
ihr	*euch*
Sie/sie	*Ihnen/ihnen*

*zu **mir*** to me

*bei **dir*** at your house

*mit **ihnen*** with them

To revise pronoun forms in other cases, see page 7.

Tipp
Remember, these dative forms are usually shortened:

zu dem → *zum*

zu der → *zur*

von dem → *vom*

bei dem → *beim*

Topic 1: Dual case prepositions

1 Fill in the missing letters after these prepositions taking the dative.

    a Ich arbeite in d__ Fabrik.

    b Ich wohne neben d__ Markt.

    c Ich sitze hinter d__ Rathaus.

    d Ich stehe zwischen d__ Bäumen.

    e Ich bin an __ Meer.

    f Ich schreibe E-Mails in ein__ Café.

2 Now write out the sentences from Exercise 1 again, using *ich gehe* and the accusative.

    a *Ich gehe in die Fabrik.* _____

    b _____

    c _____

    d _____

    e _____

    f _____

3 Accusative or dative? Write **A** or **D** in the box. Fill the gaps following the English cues given.

    a Ich lege den Brief _____ _____ Tisch. (*on the*) ☐

    b Wir recyceln Altglas _____ _____ Container. (*in a*) ☐

    c Gehen Sie _____ _____ Kreuzung und dann nach links. (*over the*) ☐

    d Es gibt einen Parkplatz _____ _____ Apotheke. (*in front of the*) ☐

    e Ich warte auf ihn _____ Markt. (*at the*) ☐

    f Hast du Zeit, _____ _____ Supermarkt zu gehen? (*into the*) ☐

    g Sie stellt ihre Tasse _____ _____ Regal. (*on the*) ☐

    h Kommst du mit _____ Kino? (*to the*) ☐

4 Write the prepositions in the correct place in this Venn diagram.

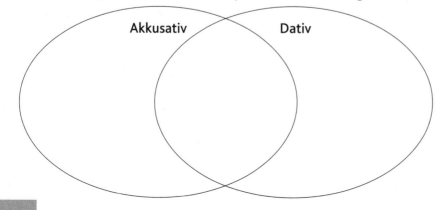

Akkusativ	Dativ

an	auf	neben	über	für
unter	gegenüber	hinter		
aus	durch	außer	entlang	
ohne	zwischen	in	von	
bei	vor	gegen	nach	
seit	bis	zu		

These prepositions usually take the dative, but where movement is involved, they take the accusative.

an at, up to, on

auf on

hinter behind

in in

neben next to

über over, across

unter under

vor in front of, ago

zwischen between

- Dative to show position:

    *Ich sitze **in der** Küche.*
    I'm sitting **in the** kitchen.

- Accusative to show movement:

    *Sie kommt **in die** Küche.*
    She comes **into the** kitchen.

    *Ich lege die Papiere **auf den** Schreibtisch.* I put the papers **on the** table.

Tipp

Remember that in the dative plural, nearly all nouns take an extra 'n'.

sing. *der Baum* → pl. *die Bäume* → dat.pl. *den Bäumen*

The combination of *in* and *an* with *dem* or *das* is usually shortened:

in dem → *im*   *an dem* → *am*

in das → *ins*   *an das* → *ans*

1 Circle the adjectives with the correct endings.

a   Die **neue / neuen / neuer** Energieformen sparen Geld.

b   Er ist ein **bekannter / bekannte / bekannten** Politiker.

c   Das ist kein **großen / großes / große** Problem.

d   **Arme / Armen / Armer** Leute haben oft **vieler / vieles / viele** Probleme.

e   Er beschäftigt sich mit den **interessanten / interessanter / interessante** Alternativen.

f   Seine **medizinischen / medizinische / medizinischer** Forschung war erfolgreich.

2 Complete the adjective endings.

a   Die letzt____ Ausstellung im Kunstmuseum war sehr gut.

b   Das schmutzig____ Wasser ist noch ein Problem in Entwicklungsländern.

c   Sie wohnt in einer verarmt____ Gegend.

d   Die Berliner haben verschieden____ Kulturen.

e   Die meist____ Bundesbürger haben ein Fernsehgerät.

f   Viele haben aber kein eigen____ Auto.

g   Was machen Ihre älter____ Kinder?

h   Die best____ Sachen im Leben kosten nichts.

i   Das Problem der rassistisch____ Gewalt existiert noch.

j   Viel____ deutsch____ Teenager wollen Markenkleidung tragen.

k   Mit diesen neu____ Handys kann man alles machen.

l   Kann ich mit deinem alt____ Fahrrad fahren?

3 Select the most suitable adjectival phrase from the box for each sentence. Remember to add an ending.

a   In Charlottenburg gibt es ein _____ Schloss.

b   Im Bahnhofsviertel können Obdachlose in einer _____ Suppenküche warmes Essen bekommen.

c   Das _____ Geld haben wir der Bahnhofsmission gespendet.

d   Die _____ Arbeiter haben endlich gestreikt.

e   Der _____ Schrei hat uns erschreckt.

von Historikern bewundert	seit Jahren ausgebeutet
übrig geblieben	von Freiwilligen organisierten
immer lauter werdend	

Grammatik

Adjectives in German need an ending when they are used in front of their noun. The ending is often **-(e)n**, but you need to learn the following exceptions.

1 After *der/die/das, dieser, welcher, jeder*, in the singular nominative (m/f/nt), and accusative (f/nt), the adjective ending is **-e**:

*das braun**e** Pferd*

2 After *ein/eine, kein/keine, mein/meine*, etc., in the nominative and accusative singular only, the adjective has these endings:

nom: **-er, -e, -es**   acc: **-en, -e, -es**

*Ich habe ein braun**es** Pferd.*

3 Where there is no preceding article, the adjective ending has more varied forms to reflect gender, number and case – see page 9 to revise these. In the nominative and accusative plural, the adjective ending is **-e**:

*Ich mag braun**e** Pferde.*

For more on adjective endings, see pages 8–9.

Complex adjectival phrases

In German, a whole phrase can describe a noun and be treated as an adjective. Use endings on the last word of that phrase, just as you would with any adjective.

*das **vor zweihundert Jahren geschriebene** Buch* the book written two hundred years ago

*Sie hat eine in **Meißen hergestellte** Porzellantasse.* She has a porcelain cup made in Meißen.

Tipp

Note these examples of adjectives used as nouns.

Obdachlose   homeless people

Freiwillige   volunteers

Any German adjective can be used as a noun. The adjectival noun has an ending like any adjective:

*Er gab **dem** Obdachlosen etwas Geld.*

What other adjectival nouns do you know?

Topic 1: Comparative and superlative adjectives and adverbs

Tipp

Remember that adverbs add information to a verb, while adjectives do so for a noun. Most German adverbs are the same words as adjectives, but without endings.

*Er ist ein **guter** Tennisspieler.* (adjective, with ending) *Er spielt **gut** Tennis.* (adverb)

1 Adjective, adverb or both? Choose a column for each word and write it in.

Adjektiv	Adverb	Adjektiv + Adverb

> braun   schnell   gestern   früh   arm   gesund   traurig   hoch
> gelb   gefährlich   glücklicherweise   gern

2 What are these comparative forms?

a Ich bin _____ als du. (*taller*)

b Atomenergie ist _____ als Windenergie. (*more dangerous*)

c Er arbeitet _____ als sein Bruder. (*more often*)

d Es gibt _____ Produkte hier als bei uns. (*cheaper*)

e Immigranten können _____ verdienen. (*more*)

f Meine Kollegen sind alle _____ als ich. (*older*)

g Der neue Garten ist _____ als der alte. (*longer*)

h Er lernt viel _____ als ich. (*slower*)

3 Translate into German. Don't forget adjective endings where necessary.

a He works the fastest. _____

b She's the most experienced social worker.

_____

c Nuclear power is the most dangerous energy source.

_____

d This boy from Poland is the youngest in the class.

_____

e She sings best in the evenings. _____

f They always eat the slowest. _____

g We find these therapies the most worrying.

_____

h These results are the highest we have had.

_____

4 Compare two singers, two actors or two politicians. On a separate sheet of paper write a paragraph in German, including comparative and superlative forms of adjectives and adverbs.

Grammatik

Comparative forms

The regular pattern is to add *-er* to the adjective or adverb:

billig → billiger

schnell → schneller

Also add an umlaut to words of one syllable, where you can:

groß → größer

alt → älter

There are a few irregular comparative forms:

gut → besser

hoch → höher

viel → mehr

gern → lieber

Use *als* to say 'than' when comparing.

Comparative adjectives may still need an ending, if they come before the noun:

billigere Produkte cheaper products

To revise adjective endings, see page 9.

Grammatik

Superlative forms

Adjectives

Add *-(e)st* to the adjective, plus an adjective ending:

*die **schönste** Blume* the most beautiful flower

*das **billigste** Auto* the cheapest car

*der **älteste** Mann* the oldest man

Useful irregular forms:

*das **Beste**, das **Höchste***

Adverbs and adjectives at the end of sentences

Add *-(e)sten* to the adverb, and use with *am*:

*Er läuft **am schnellsten**.*

*Sie studiert **am wenigsten**.*

*Sie ist **am fleißigsten**.*

Irregular forms:

gut → am besten

viel → am meisten

hoch → am höchsten

gern → am liebsten

1 Find the pairs. Write the number of the corresponding case in the box.

a Welche Nebenwirkungen sind am schlimmsten? ☐

b Wegen welcher Probleme geht das nicht? ☐

c Welches Fach studierst du in diesem Semester? ☐

d Mit welchem Zug fahren Sie? ☐

e Durch welchen Spender wird das gemacht? ☐

f Während welcher Studie war das? ☐

1 genitive plural

2 dative singular

3 accusative singular

4 nominative plural

5 accusative singular

6 accusative plural

7 genitive singular

2 Fill the gaps with the correct endings.

a Welch___ Energieformen sind am umweltfreundlichsten?

b Aus welch___ Stoff ist deine Tasche?

c Ich weiß nicht, welch___ Tisch ich wählen soll.

d Welch___ Freundin gibst du das?

e Von welch___ Autorin ist das Buch?

f Während welch___ Fußballspiels war das?

g Welch___ Arbeitgeber ist das?

h Aus welch___ Grund ist das passiert?

3 Fill the gaps with the correct form of the adjective given in English.

a _____ Problem ist am schlimmsten. (*this*)

b Bei _____ Versuch wurde es besser. (*each*)

c _____ Personen haben die Situation sehr beeinflusst. (*those*)

d _____ Strafe hat er bekommen? (*which?*)

e _____ Pullover ist billiger als _____ Hemd. (*this, that*)

Grammatik

welcher?

The interrogative adjective *welcher* (which) takes endings similar to the definite article.

	m.	f.	nt.	pl.
nom.	-er	-e	-es	-e
acc.	-en	-e	-es	-e
dat.	-em	-er	-em	-en
gen.	-es	-er	-es	-er

Welchen Fußballspieler magst du? Which football player do you like? (accusative because *Fußballspieler* is the direct object, masculine singular ending to match the gender and number).

Bei welcher Tante wohnst du? Which aunt are you staying with? (dative after *bei*, feminine singular ending to match *Tante*).

dieser, jener, jeder

The demonstrative adjectives *dieser* (this), *jener* (that) and *jeder* (every/each) follow this same pattern of endings. To revise these, see page 10.

Tipp

Using all of these adjectives, with the correct endings, makes your German more varied and precise.

Topic 1: Interrogative pronouns and adverbs

1 Complete the questions.

a _____ kennst du in meiner Klasse?

b _____ eine Note hast du bekommen?

c _____ Forschung hat diese Ergebnisse produziert?

d _____ gehört der Computer?

e _____ ist dieser Lehrer?

f _____ Recycling macht ihr zu Hause?

g Weißt du, _____ ich das Geld geben soll?

h _____ hast du freundlich gefunden?

2 Write the question words. Start by finding the matching preposition for each verb, choosing from: *an, auf, für, nach, über, mit.*

a _____ wartest du?

b _____ haben Sie sich entschieden?

c _____ glaubt er?

d _____ freut sie sich?

e _____ kann ich helfen?

f _____ haben sie gefragt?

3 Translate into German.

a Who have you seen this weekend?

_____

b What are you saving for?

_____

c What kind of dog have you got?

_____

d Whose jacket is that?

_____

e What's the film about?

_____

f Who are you writing to?

_____

Grammatik

Interrogative pronouns

was (what), *was für* (what kind of) – in this form, *für* doesn't automatically trigger the accusative.

In was für einem Haus wohnst du? What kind of house do you live in?

wer (who) changes according to case:

wer (who) – nom.

wen (whom) – acc.

wessen (whose) – gen.

wem (to whom) – dat.

Grammatik

Interrogative adverbs

These are used with verbs taking a preposition and include:

wofür   *wovon*

womit   *worüber*

woran   *worum*

worauf

Note that an 'r' is added before prepositions starting with a vowel (*an, auf, über, um,* etc.):

Worauf freust du dich? (*sich freuen auf* to look forward to)

Wovon träumst du? (*träumen von* to dream of)

Tipp

Remember this useful question and answer pair:

Worum geht es? What's it about?

Es geht um … It's about …

1 Write the missing pronouns into the grid.

Nominativ	Akkusativ	Dativ
ich		
	dich	
		ihm
	sie	
es		
	uns	
		euch
Sie		
		ihnen

2 Replace the underlined nouns in this paragraph with pronouns: write them on the lines alongside.

Meine Familie und ich [a] wohnen in einem Dorf im Norden von Äthiopien. Fremde besuchen unser Dorf [b] nur selten. Jedoch ist letztes Jahr ein Amerikaner gekommen. Mein Bruder und ich [c] konnten mit dem Amerikaner [d] nicht gut sprechen, aber mein Bruder hat den Amerikaner [e] sympathisch gefunden. Der Fremde hatte eine Digitalkamera und hat die Kamera [f] meinem Bruder [g] gezeigt. Meine beiden Onkel waren auch dabei. Der Amerikaner [h] hatte einen Plan, um meinen Onkeln [i] mit der Wasserversorgung zu helfen, weil die Wasserversorgung [j] hier ein großes Problem ist. Der Plan war aber nicht erfolgreich.

a _____

b _____

c _____

d _____

e _____

f _____

g _____

h _____

i _____

j _____

3 Make up short phrases in German using these reflexive verbs and the given subject pronouns.

a sich ändern + er

_____

b sich vorstellen + wir

_____

c sich die Haare kämmen + du

_____

d sich beeilen + Sie

_____

Grammatik

Personal pronouns replace a noun or name and need to be in the right case: nominative, accusative or dative.

Ich gehe ins Kino. = I, nominative, subject

Sie sieht mich. = me, accusative, direct object

Sie gibt mir eine Karte. = to me, dative, indirect object

To revise personal pronouns, see page 7.

Reflexive pronouns

ich	mich
du	dich
er/sie/es	sich
ihr	euch
wir	uns
Sie	sich
sie	sich

These are usually accusative as shown above, unless the sentence already has a direct object, when dative forms are used instead.

Ich wasche mich.

Ich wasche mir die Hände.

Ich kann es mir nicht leisten.

There are more reflexive verbs in German than in English, and sometimes the meaning is not obviously reflexive, as in *sich interessieren* (to be interested).

Tipp

If you have a direct and an indirect object in a sentence (i.e. an accusative and a dative) ...

- the pronoun comes first, if you have a pronoun and a noun:

  Sie gab mir den Bericht.

- the direct object pronoun comes first, if you have two pronouns:

  Sie gab ihn mir.

  Ich kann es mir nicht leisten.

Grammatik

In German, the relative pronoun (*der/die/das* meaning 'who', 'which', 'that' or 'whose') reflects the gender and number of the person or thing it relates to. Its case depends on its function in the sentence or is determined by a preposition.

Der Hund, **den** *ich gesehen habe* ... (*den* is masculine singular – *der Hund*, and accusative because it's the direct object)

Relative pronouns look similar to definite articles (see page 5), except in the dative plural and the genitive.

	m.	f.	n.	pl.
nom.	der	die	das	die
acc.	den	die	das	die
dat.	dessen	deren	dessen	deren
gen.	dem	der	dem	denen

Take care with the genitive form:

Meine Mutter, **deren** *Hund hier sitzt* ... My mother, whose dog is sitting here ... (*deren* relates back to the mother, so is the feminine form, not masculine to match the dog)

1 Circle the correct relative prounoun in each sentence.

   a Die ausländischen Mitbürger, **den / die** hier wohnen, kommen aus Russland.

   b Unser Nachbar, **der / den** du gesehen hast, ist wirklich nett.

   c Die Stadt, aus **der / deren** ich komme, ist sehr klein.

   d Der Beamte, **dem / denen** ich eine E-Mail schrieb, hat nicht geantwortet.

   e Die Eltern, **deren / dessen** Kinder diese Schule besuchen, sprechen nicht viel Deutsch.

   f Seine Frau, **die / das** aus einer griechischen Familie stammt, heißt Persefoni.

   g Der Lehrer, in **dessen / denen** Klasse viele Migranten sind, versteht ihre Probleme.

   h Das ist der Asylbwerber, von **der / dem** ich erzählt habe.

> **Tipp**
>
> Remember, sentences containing a relative clause (a section with a relative pronoun) are a good way of showing accuracy and complexity of language.
>
> What do you notice about word order and punctuation in these sentences? (See page 31.)

2a Fill each gap with the correct relative pronoun. Match the sentence halves: write numbers in the boxes.

   a Die Windenergie, _____ wir hier produzieren, ☐

   b Es gibt nicht viele Politiker, ☐

   c Ich mag das Biodorf, ☐

   d Die Umweltverschmutzung ist ein Problem, ☐

   e Der Fernseher, _____ wir gekauft haben, ☐

   f Meine Mutter, _____ Auto sehr alt ist, ☐

   g Der Müll, von _____ ich erzählt habe, ☐

   h Die neuen Energieformen, _____ wir eingeführt haben, ☐

   1 verbraucht weniger Energie.

   2 fährt lieber mit dem Rad.

   3 in _____ Sie wohnen.

   4 ist sehr sauber.

   5 _____ wir nicht lösen können.

   6 sind viel besser.

   7 war schrecklich.

   8 _____ sich für den Umweltschutz engagieren.

2b Now translate the complete sentences from 2a into English.

   a _____

   b _____

   c _____

   d _____

   e _____

   f _____

   g _____

   h _____

1 Unjumble these sentences, and think where to add commas. Start with the underlined word.

a ist von Computer der dem gesprochen <u>hier</u> habe ich

_____ .

b diese Lehrer Herr Experimente <u>der</u> macht heißt der Heumann

_____ .

c gibt Wirkungen noch <u>es</u> nicht neue klar deren sind Technologien

_____ .

d <u>die</u> sehr die wir ist finanzieren wichtig Forschung

_____ .

e Stoff, <u>der</u> diese viel dem Tasche Geld gemacht wurde aus kostet

_____ .

2 Complete each sentence using your own ideas and a relative clause.

a Ein Komponist, den ich _____ .
   ist Beethoven.

b Ein Film, _____ ist.

c Eine Schauspielerin, _____ .

d Die Sportart, _____ .

e Das ist meine Freundin, deren _____ .

3 Translate into German.

a The research we're doing is very expensive.

_____

b We recycle paper and glass, which she is pleased about.

_____

c We didn't see anything, which I found disappointing.

_____

d The students who studied this subject all found a job.

_____

e Solar energy is the technology we will discuss next week.

_____

Grammatik

Word order

The relative clause (the part containing a relative pronoun) is always separated from the rest of the sentence by a comma. There is another comma after it if more words follow.

The verb comes last in a relative clause:

Der Laptop, **den** ich gekauft **habe**, war nicht teuer.

Using _was_ as a relative pronoun

The word _was_ is used as a relative pronoun after _alles, etwas, nichts,_ and refers back to a whole clause, rather than a single word.

Alles, **was** ich gesagt habe, ist die Wahrheit. Everything (that) I've said is the truth.

Das ist etwas, **was** ich nicht verstehe. That's something (which) I don't understand.

Ich rauche nicht mehr, **was** ihm gut gefällt. I don't smoke anymore, which he's pleased about.

Tipp

In English, we often leave the relative pronoun out. In German, it always has to be included. In English: 'the house I had seen', but in German: _das Haus, **das** ich gesehen hatte._

1 Fill the gaps with the correct adjectives from the box.

a Wie finden Sie die ＿＿＿＿＿＿ Ausstellung?

b Man muss diese ＿＿＿＿＿＿ Probleme bekämpfen.

c Ich halte eine Demo für ＿＿＿＿＿＿.

d Durch dieses Projekt kann man ＿＿＿＿＿＿ Berufe ausprobieren.

e Die Cholera war damals eine der ＿＿＿＿＿＿ Gesundheitsgefahren.

f Die ＿＿＿＿＿＿ Strahlen sind lebensgefährlich.

g Ich habe Angst wegen des ＿＿＿＿＿＿ Ausbaus der Stadt.

h ＿＿＿＿＿＿ Maßnahme ist am wichtigsten?

i Mein ＿＿＿＿＿＿ Versuch hat nichts gebracht.

j Was kostet ＿＿＿＿＿＿ Auto?

neue
welche
verschiedene
letzter
ökologischen
größten
jenes
sinnlos
weiteren
radioaktiven

2 Complete each sentence with the right relative pronoun.

a Das Geld, ＿＿＿＿＿ sie bekommen hat, reicht nicht.

b Die Pendler, ＿＿＿＿＿ jeden Tag in die Stadt fahren, sind kaum zu Hause.

c Der Rentner, mit ＿＿＿＿＿ du gesprochen hast, hatte jahrelang hier gearbeitet.

d Der Bauer, ＿＿＿＿＿ Rinder das sind, will kein Windrad hier haben.

e Der Wagen, ＿＿＿＿＿ sie gewählt hat, ist ziemlich umweltfreundlich.

f Verstehst du die Probleme, von ＿＿＿＿＿ ich geschrieben habe?

3 Fill the gaps with a preposition, choosing from: *von*, *ins*, *im*, *trotz*, *ohne*.

a ＿＿＿＿＿ der neuen Information konnten wir den Fall nicht gewinnen.

b Es gibt eine Klimatisierungsanlage ＿＿＿＿＿ Gebäude.

c Die E-Mail wurde ＿＿＿＿＿ einem Atomkraftgegner geschrieben.

d ＿＿＿＿＿ ihre Unterstützung wäre es unmöglich.

e Sie geht nur vormittags ＿＿＿＿＿ Büro.

4a Read the text about wind power. Which of the numbered gaps are for …

a relative pronouns? _____

b article + case endings after a preposition? _____

c adjective endings? _____

Wind im Wald

Windkraft-Investoren suchen jetzt in Waldgebieten Platz, ____ (1) sonst für Windräder knapp wird. Baden-Württemberg zum Beispiel braucht rund 1000 neu____ (2) Windanlagen in ____ (3) nächst____ (4) acht Jahren.

Die Anwälte, ____ (5) für ____ (6) Investoren arbeiten, müssen das deutsch____ (7) Planungsrecht gut verstehen. Man muss viel____ (8) Bäume fällen, ____ (9) Naturfreunde nicht gern sehen. An ____ (10) Waldrändern kann das weiter____ (11) Folgen haben: Ohne ____ (12) Schatten können sie vertrocknen. Die Anwesenheit ____ (13) Fledermauskolonie kann den Bau von Windrädern in ____ (14) Wald verhindern.

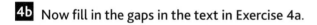

4b Now fill in the gaps in the text in Exercise 4a.

4c What case did you use for the word or letters that fill each gap? Look again, and note them here.

1 _nominative_

2 _____

3 _____

4 _____

5 _____

6 _____

7 _____

8 _____

9 _____

10 _____

11 _____

12 _____

13 _____

14 _____

1a Lesen Sie den Text unten, der von den Kosten der Energiewende in Deutschland handelt. Schreiben Sie das jeweils richtige deutsche Wort in jedes Kästchen. Beachten Sie dabei die Liste der englischen Wörter.

Nach [＿＿＿] Debatte über [＿＿＿] Kernkraft wird die

Energieversorgung [＿＿＿] aus erneuerbaren Formen

bestehen. In [＿＿＿] kommenden zehn Jahren will Deutschland

Solaranlagen mit einer [＿＿＿] Kapazität installieren.

Der [＿＿＿] Nachteil daran ist, dass wir immer noch

Kohlekraftwerke brauchen für [＿＿＿] Zeiten, wo die Sonne

nicht scheint.

| higher | more often | biggest | the (x4) |

> **Tipp**
>
> Keep in mind that the definite article is used more in German than in English, where 'the' is often omitted: simply compare *er geht in die Schule* with 'he goes to school'.
>
> Of course, whenever you use a definite article, you must think about the case it should be in, as well as the gender of the noun.

1b Übersetzen Sie den Text aus 1a ins Englische.

_____

_____

_____

_____

_____

2 Vervollständigen Sie die Fragen.

a _____ will Deutschland _____ machen? (*what, more cheaply*)

b _____ dient diese _____ Technologie? (*what for, more expensive*)

c _____ der Energiequellen ist _____? (*which, safer*)

d _____ bezahlt man die _____ Forschung? (*what with, better*)

e _____ wählen sie als Manager des _____ Kraftwerks? (*whom, biggest*)

3 Lesen Sie den Text, der von der globalen Erwärmung handelt.

> Die globale Erwärmung wird durch steigende Emissionen von Trcibhausgasen verursacht. Schadstoffe in der Umwelt verursachen Schäden für Menschen sowie für die Tierwelt. Es gibt Plastikmüll in den Ozeanen, der von Schiffen abgeladen oder von Flüssen ins Meer gespült wird. Dieser Müll besteht zum Beispiel aus Plastiktüten, Verpackungen, Einwegrasierern und Plastikflaschen. Er zerfällt durch die ständige Reibung der Wellen in immer kleinere Teile. Je kleiner dieser Müll wird, umso gefährlicher wird er für die Umwelt. Tiere wie Wale, Fische und Vögel fressen ihn und sterben daran.

Finden Sie Folgendes im Text:

a Two prepositions which always take the accusative _____ _____

b Two prepositions which always take the dative _____ _____

c One preposition which can take either the accusative or the dative _____

d One adjective with no article in front of it _____

e One adjective with an accusative definite article in front of it _____

f Two adjectives in their comparative form _____ _____

g One demonstrative adjective _____

h One relative pronoun _____

i Two personal pronouns in the nominative _____ _____

j One personal pronoun in the accusative _____

4 Übersetzen Sie **ins Deutsche**.

a There is damage to the animal world, which is caused by pollutants in the air.

_____

b Dangerous environmental pollution, which we cause, is getting worse.

_____

c The bigger this problem gets, the more dangerous it is for the environment.

_____

d When rubbish is flushed into the sea by a river, animals eat it.

_____

■ Topic 2: The imperfect tense

1 Which verbs do these imperfect tense forms come from? Give the infinitives.

a gingen _____

b fuhr _____

c warst _____

d wurdet _____

e nahmst _____

f griff _____

g lasen _____

h aß _____

i stahl _____

j wuchs _____

Tipp

Use the verb lists starting on page 66 to check the forms of strong (irregular) and mixed verbs. If you see a form you don't recognise, e.g. *brachen*, look down the '3rd person imperfect' column to find the same stem (*brach*), then see which verb it's from (*brechen*, to break).

2 Fill each gap with a verb in the imperfect tense, matching the English in brackets.

a Vorher _____ wir zu viel Altglas in den Mülleimer. (*threw*)

b Mein Vater _____ mich jeden Tag in einem Café. (*met*)

c Michael und Irena _____ Arbeit in einer Fabrik. (*found*)

d Die Nachbarin _____ mir mit den Kindern. (*helped*)

e _____ ihr sehr müde? (*were*)

f Der Fremde _____ mir langsam entgegen. (*stepped*)

3 Write the correct imperfect tense form of a modal verb in each gap.

a M_____ du die Ausstellung?

b Wir s_____ früher zur Vorlesung gehen.

c Der Jurist w_____ eine Alternative zum Gefängnis suchen.

d Die Regierung k_____ das nicht schaffen.

e Diese Initiative m_____ wir leider aufgeben.

f Meine Kolleginnen d_____ keine Forschung betreiben.

4 What did you do last week at school or in college? Answer with a paragraph in German that contains an imperfect tense form of each of the six modal verbs.

_____

_____

_____

_____

_____

_____

Grammatik

To revise formation of the imperfect tense (also called the simple past), see page 17. Reminder:

spielen → ich spielte

Mixed verbs change their stem, but follow the regular endings:

wissen → ich wusste

Strong (irregular) verbs change their form most, but the endings are easy. They include many of the most useful verbs, so you need to learn them.

gehen →

ich ging, er/sie/es/man ging

du gingst

ihr gingt

wir/Sie/sie gingen

Modal verbs

Modal verbs are generally used in the imperfect, not the perfect tense, when talking about the past, so make sure you know them. Remember to use them with an infinitive at the end of the sentence, just as you would in the present tense.

dürfen	ich/er/sie/es durfte
	(du -test, ihr -tet, wir/Sie/ sie -ten)
können	konnte
mögen	mochte
müssen	musste
sollen	sollte
wollen	wollte

To revise modal verbs in other tenses, see page 13.

Tipp

The imperfect tense tends to be used more in writing, such as in books, magazines, newspapers and reports.

Note the absence of umlauts in the imperfect forms of modal verbs.

Grammatik

To revise formation of the perfect tense, see pages 15–16.

Past participles of weak (regular) verbs end in -t and nearly all take the auxiliary verb *haben*:

*Ich **habe** viel Geld **gespart**.* I've saved a lot of money.

*Wir **haben** ihn **gekauft**.* We bought it.

*Ich **bin** nach Kanada **gereist**.* I travelled to Canada.

Strong (irregular) verbs

Past participles of strong (irregular) verbs mostly end in -en. Those describing motion or a change of state, plus the verbs *sein* (*gewesen*) and *bleiben* (*geblieben*), use the auxiliary verb *sein*.

*Es **hat** um acht Uhr **begonnen**.* It began at eight o'clock.

*Sie **sind** die ganze Nacht **gefahren**.* They travelled all night.

*Er **ist** letztes Jahr **gestorben**.* He died last year.

> **Tipp**
>
> Check the past participles of irregular verbs in the verb lists in your dictionary or at the back of this workbook. If you see an irregular participle you don't understand in a text, look for it in the perfect tense column of the verb table to find its infinitive.
>
> See pages 15–16 for more extensive practice of the perfect tense.

1 Write the past participles of the verbs in the chain into the correct column of the table.

denkenseinfliegentunwerfenstreitenwissensprechenhabenfallenwerden

haben + past participle	*sein* + past participle

2 Find which past participle in the list to the right matches with each sentence, then write the German equivalents in the gaps.

a Die Familie Zhabin _____ fünf Jahre lang in Rostock _____ . ☐

b Die Kinder _____ das Leben in Deutschland zuerst etwas seltsam _____ . ☐

c Wir _____ uns vor dem Rathaus _____ . ☐

d Die Zahl an Asylbewerber _____ _____ . ☐

e Gestern _____ mein Kollege sein Handy zu Hause _____ . ☐

f Die Naturwissenschaftler _____ sich darüber _____ . ☐

g Ich _____ Lehrerin _____ . ☐

h Die Polizisten _____ ihn _____ . ☐

1 found
2 risen
3 caught
4 argued
5 became
6 stayed
7 left
8 met

> **Tipp**
>
> In German, there is little difference between the perfect and imperfect tenses for referring to the past. The perfect tense tends to be used more in speech and in informal written German.

3 Translate into German using the perfect tense.

a He helped with the work. _____

b Yesterday, the office closed at midday. _____

c In the prison they wore a uniform. _____

d I threw the ball for my dog. _____

e The problems with money became bigger. _____

Topic 2: The perfect tense: prefixes and modal verbs

1a Circle the six of these verbs which have an inseparable prefix.

> verlieren   abfahren   verschwinden   vorstellen   vermeiden
>
> erziehen   einwandern   bekommen   empfehlen   aufmachen

1b Now use those six verbs in this paragraph, in the perfect tense.

Vor fünf Jahren _____ mein Mann seine Stelle _____ und wir _____ die Kinder ohne viel Geld _____. Wir _____ keine Hilfe vom Staat _____. Glücklicherweise _____ wir schwere Probleme _____. Eine Nachbarin _____ uns einen billigen Supermarkt _____. Dieses Jahr hat mein Mann endlich wieder eine gute Stelle gefunden und jetzt fühle ich, dass unsere Probleme _____ _____.

2a What are the past participles of these verbs?

a aufwachsen _____

b aufhören _____

c festnehmen _____

d einwandern _____

e ausgeben _____

2b Write a short sentence with each one, in the perfect tense.

a _____

b _____

c _____

d _____

e _____

3 Unjumble the sentences.

a dürfen anfangen wir früh haben

_____

b liebsten habe Fußball ich gemocht am

_____

c aktiv Teilnehmer wollen haben die protestieren

_____

d müssen die haben viel bezahlen Behörden Geld

_____

e haben wir gewollt wirklich es

_____

Grammatik

Inseparable prefixes

Verbs with an inseperable prefix, such as *be-, emp-, ent-, er-, ge-, ver-, zer-*, do not have *ge-* at the start of their past participle.

zerstören → zerstört destroyed
verstehen → verstanden understood

Separable prefixes

Verbs with a separable prefix (separable verbs), have the *-ge-* between the prefix and the stem:

*zuhören → zu**ge**hört* listened
*auswandern → aus**ge**wandert* emigrated

Tipp

To find the past participle of a verb with a prefix, look for the original infinitive without prefix in a verb table.

erziehen → ziehen (gezogen) → erzogen
verstehen → stehen (gestanden) → verstanden

To help you decide whether a prefix is separable, try saying the *ich* part of the verb, present tense, as it might be familiar to you:

verstehen → ich verstehe (not separable)
einkaufen → ich kaufe ein (separable)

Separable verbs are always identified in a dictionary.

Grammatik

Modal verbs

Modal verbs form their perfect tense with *haben* as the auxiliary verb. When used with another verb, the infinitive of the modal verb is used instead of the past participle:

Ich habe Tennis spielen wollen.
I wanted to play tennis.

Er hat es tun müssen. He had to do it.

When the modal verb is used alone, these participles are used:

gemusst, gekonnt, gedurft, gemocht, gewollt, gesollt

Ich habe das Essen gemocht. I liked the food.

Ihr habt es gewollt. You wanted it.

Tipp

Note that modal verbs are most commonly used in the imperfect tense (see page 36) rather than the perfect:

*Ich **konnte** es machen.*
*Er **musste** zu Hause bleiben.*

1 Read the two sentences below. Then complete the English statements about them.

Active: *Meine Schwester kauft den Hund.*

Passive: *Der Hund wird von meiner Schwester gekauft.*

a The _____ sentence places more emphasis on the dog.

b In the first sentence the dog is the _____, and in the second it is the _____.

c Here, *von* means _____. It triggers the _____.

d Here, *wird* means _____. Use it with a _____ to make the passive.

2a Complete these sentences in the passive, using words from the box.

a Armen Leuten in Ostafrika _____ vom Roten Kreuz _____.

b Durch medizinische Entwicklungen _____ viele Leben _____.

c Unsere Gesundheit _____ von der Luftverschmutzung _____.

d Soweit ich weiß, _____ ich für diese Arbeit nicht _____.

e Das Projekt _____ in vielen Schulen _____.

f _____ du heute Abend von Olaf mit dem Auto _____?

g Alle Formen der Diskriminierung _____ hier _____.

h _____ ihr manchmal von den Nachbarn _____?

werden	gerettet	werdet	wird	werde	eingeladen	gefahren
wird	bedroht	bekämpft	wirst	durchgeführt	werden	werden
bezahlt	geholfen					

2b Now translate the sentences from 2a into English.

a _____

b _____

c _____

d _____

e _____

f _____

g _____

h _____

Grammatik

The passive places the emphasis on the person or thing on the receiving end of an action. It can give distance or objectivity to a statement. We use it in English too:

active voice – My friend sees the thief.

passive voice – The thief is seen by my friend.

To use the passive in German, you need part of the verb *werden* and a past participle at the end of the sentence. Present tense of *werden* for present tense of the passive:

ich werde, du wirst, er/sie/es/man wird

wir werden, ihr werdet, Sie/sie werden

*Der Dieb **wird gesehen**.* The thief **is seen**.

Saying 'by' in a passive sentence

Use *von* (+ dative) when the action is performed by a person or people or by an animal.

*Das Gras wird **von der Kuh** gefressen.* The grass is eaten by the cow.

Use *durch* (+ accusative) when the cause/agent is inanimate.

*Das Gras wird **durch den Regen** zerstört.* The grass is being destroyed by rain.

Tipp

Think what a useful verb *werden* is. It means 'to become', it is used to form the future tense (with an infinitive), and it forms the passive (with a past participle).

Keep checking and learning past participles of useful irregular verbs.

The ability to use, as well as to understand, the passive in German is important in showing grammatical range and accuracy at this level. Watch out for it in reading and listening tasks. Prepare some examples to use, such as:

Es wird oft behauptet, dass …
It's often maintained that …

Es könnte gesagt werden, dass …
It could be said that …

Es sollte betont werden, dass …
It should be stressed that …

Topic 2: The passive: other tenses

1a Which tense is it? Write I (imperfect), P (perfect), PP (pluperfect) or F (future) in the boxes.

a Unser neues Produkt wird ab nächstes Jahr verkauft werden. ☐

b Die Einwanderer aus Russland wurden schnell akzeptiert. ☐

c Diese neuen Technologien waren von vielen Firmen erforscht worden. ☐

d Der beste Bewerber für diese Arbeitsstelle ist gewählt worden. ☐

e Meine Leistungen wurden nie von meiner Familie anerkannt. ☐

f Das neue Gesetz ist von der Regierung eingeführt worden. ☐

g Die Sonnenenergie wurde schon vor vielen Jahren produziert. ☐

h Seine Lebensbedingungen werden durch diese Maßnahmen verbessert werden. ☐

1b Translate the sentences from 1a into English.

a _____

b _____

c _____

d _____

e _____

f _____

g _____

h _____

Grammatik

Use the appropriate tense of *werden* to make passive sentences about the past or future.

Imperfect tense

Der Dieb **wurde** *gesehen.*
The thief was seen.

Perfect tense

Der Dieb **ist** *gesehen* **worden**.
The thief was seen/has been seen.

(The past participle of *werden* goes at the end, and as it follows another one, is shortened to *worden*.)

Pluperfect tense

Der Dieb **war** *gesehen* **worden**.
The thief had been seen.

Future tense

Der Dieb **wird** *gesehen* **werden**.
The thief will be seen.

Tipp

An alternative to using the passive is to use the active voice with *man*.

2 Finish these sentences, following the English cues.

a Dieses Theaterstück _____. (*will be seen*)

b Die beiden Autos _____. (*had been sold*)

c Die neue Fabrik _____. (*has been built*)

d Die Arbeitsbedingungen _____. (*will be improved by the employers*)

e The book _____. (*was written by my father*)

3 Change these sentences from the passive into the active voice with *man*. Be careful about the tenses!

Example: *Das Wohnzimmer ist geputzt worden. Man hat das Wohnzimmer geputzt.*

a Es war schon verkauft worden. _____

b Diese Forschung wird im nächsten Monat finanziert werden.

_____

c Die ausländischen Arbeiter sind zu gering bezahlt worden.

_____

d Die Luftqualität wird verbessert werden. _____

e Die Hausarbeit wurde jeden Tag gemacht. _____

f Die Wasserversorgung ist organisiert worden. _____

1a The verbs below all take the dative. Which verbs are they?

a sc _ _ _ _ _ _ _ (*to give*) _____

b h _ _ _ _ _ (*to help*) _____

c d _ _ _ _ _ _ (*to thank*) _____

d g _ _ _ _ (*to give*) _____

e an _ _ _ _ _ _ _ (*to offer*) _____

f gr _ _ _ _ _ _ _ _ _ _
(*to congratulate*) _____

1b Can you think of other examples to add to the list?

2 Match up the sentence halves.

a Es wurde mir zum ☐

b Es ist mir gesagt worden, ☐

c Unserer Sekretärin wird für ☐

d Es wurde ihm die ☐

e Es wurde den Dorfeinwohnern mit ☐

f Der Schlüssel wurde meiner Mutter ☐

1 den schönen Blumenstrauß gedankt.

2 Geburtstag gratuliert.

3 Möglichkeit einer Weltreise angeboten.

4 dass ich länger arbeiten sollte.

5 von Peter gegeben.

6 ihrer neuen Schule geholfen.

3 Fill the gaps with passive forms of the given verbs. Be careful about the tense.

a Das Fahrrad darf hier _____ _____. (**lassen**)

b Der Rassismus muss _____ _____. (**bekämpfen**)

c Die Windenergie sollte _____ _____. (**fördern**).

d Letztes Jahr _____ es ohne Probleme _____.
(**akzeptieren**)

e Leider wird es bis nächste Woche _____ _____.
(**aufhalten**)

4 Reread pages 39–41 of this workbook. Write a paragraph in English to explain what the passive is and how it works in German.

_____

_____

_____

_____

_____

Grammatik

The passive with an indirect object

When the passive is used with verbs taking an indirect object (i.e. verbs followed by the dative), the indirect object has to be kept.

schenken (to give) + dative

active: *Der Lehrer schenkte mir ein Buch.* The teacher gave me a book.

passive: *Mir wurde von dem Lehrer ein Buch geschenkt.*

or

Es wurde mir von dem Lehrer ein Buch geschenkt.

I was given a book by the teacher.

As this can make a rather complicated sentence, the active form tends to be used instead.

Grammatik

The passive infinitive

Where you need an infinitive of the passive, after modal verbs, use the infinitive of *werden* + past participle.

Es muss gemacht werden.
It must be done.

Die Arbeit muss bezahlt werden.
The work must be paid.

The impersonal passive

The passive is used to form impersonal statements like these, adding distance to an event:

Es wurde diskutiert. It was discussed.

Es wurde bis spät in die Nacht gefeiert. The celebrations lasted late into the night.

■ Topic 2: Impersonal verbs

1 Fill the gaps, choosing from the list of verbs supplied.

a Es _____ ihm nicht gut.

b Mir _____ kalt.

c Es _____ gefroren.

d Es _____ ihnen Spaß.

e Es _____ mir Leid.

f Es _____ sich um einen Diebstahl.

g Es _____ ihm nicht leicht.

h Es _____ zu viel.

> geht
> macht
> tut
> handelt
> fällt
> gibt
> hat
> ist

2 Unjumble the sentences.

a Geld Es sich zu lohnt sparen _____

b um Es Integration Problem der das geht

_____

c Kosten auf Es kommt die an _____

d spielen es dir Computer Gefällt zu am?

_____

e Es gewonnen mich dass haben freut es wir

_____

f fällt Es organisieren schwer Aktion ihm zu die

_____

g fehlt seitdem ihr an sie Es Arbeit hier wohnt

_____

h meinen zu gelungen Es mir Führerschein ist bekommen

_____

3 Translate these sentences into German.

a I like it that the food is cheap here. _____

b He's still lacking money. _____

c It depends whether we buy the car. _____

d I don't mind whether we go to France or to Spain.

_____

e I'm pleased that my mother is coming.

_____

f It's about an asylum seeker and his family.

_____

Grammatik

Below are some examples of impersonal verbs. Their subject is *es* rather than a specific person. They are often used with conjunctions such as *dass* or *ob*, or with *zu* + infinitive:

Es gelingt mir nicht, Fußball zu spielen.

es fehlt mir an	I'm lacking
es freut mich	I'm pleased about it
es gefällt mir	I like it
es geht um (+ acc.)	it's about
es gelingt mir	I succeed
es gibt (+ acc.)	there is/are
es fällt mir leicht/schwer	I find it easy/hard
es ist mir egal	I don't mind
es kommt auf (+ acc.) ... an	it depends on
es liegt an (+ dat.)	it's due to
es lohnt sich	it's worth it
es macht Spaß	it's fun

Tipp

Impersonal verbs are used more in German than in English.

Pick a few useful and impressive – sounding impersonal verb phrases and use them in exams to increase your range of spoken and written German.

1 Each of these sentences in the pluperfect contains a mistake. Can you find and correct them?

a Der Asylbewerber waren sehr geduldig gewesen.

b Man war Alternativen zum Gefängnis vorgeschlagen.

c Die Sonnenenergie hatte vorher viel Geld kostet.

d Der Politiker war dagegen gesprochen.

2 Fill the gaps, to match the English cues given.

a Der Täter _____ schon eine Frau _____, als der Polizist ihn _____. (had attacked, saw)

b Man _____ schon nach neuen Energieformen _____, als die Energiekrise _____. (had looked for, came)

c Vorher _____ wir auf dem Land _____, aber dann _____ mein Mann Arbeit in der Stadt. (had lived, found)

d Ich _____ keine Ausbildung _____, weil meine Eltern das nicht bezahlen _____. (had done, could)

e Vorher _____ man nur Tiere in der Genforschung _____, dann _____ man Embryonen benutzen. (had used, was allowed to)

f Wir _____ glücklich, nachdem wir _____ _____. (were, had arrived)

g Das Buch, das er _____ _____, _____ sehr erfolgreich. (had written, was)

h Vorher _____ es Probleme mit der Wasserversorgung _____, dann _____ es besser. (had been, became)

3 Translate these sentences into German.

a There had been a problem with unemployment.

_____

b I had already had the idea, when I went to university.

_____

c Before, they had been very rare, but later one saw them more often.

_____

d After she had travelled to Berlin, she found a flat.

_____

Grammatik

The pluperfect tense

Use the pluperfect tense to go further back in the past and describe an action that **had** taken place, before something else happened.

It's just like the perfect tense in formation, except you use the imperfect of *haben* or *sein* rather than the present tense.

*Ich **hatte** Tennis gespielt.*
I had played tennis.

*Wir **waren** ins Kino **gegangen**.*
We had gone to the cinema.

	haben	sein
ich	hatte	war
du	hattest	warst
er/sie/es/man	hatte	war
wir	hatten	waren
ihr	hattet	wart
Sie/sie	hatten	waren

To revise the formation of the perfect tense, see pages 15–16, and for further practice, pages 37–38.

Tipp

The pluperfect tense is usually combined with the imperfect tense. Use it with *schon*, *vorher*, or in a subordinate clause with *bevor* or *nachdem*:

Ich war schon einkaufen gegangen, als sie kam.

Nachdem ich den Mann gesehen hatte, blieb ich zu Hause.

- Make sure you get the auxiliary verb correct.
- Watch out for the pluperfect tense in sentences you are translating.

Topic 2: The future tense

1 What are the parts of *werden* in the present tense? If unsure, check your answers before doing Exercise 2.

ich _____   du _____

er/sie/es/man _____   wir _____

ihr _____   Sie/sie _____

2 Fill the gaps to make future tense sentences, using the clues to help you.

a Man _____ bald eine Verbesserung _____.

b Da das Wasser jetzt sauberer ist, _____ die Kinder hier

_____.

c _____ ihr nach Wien _____?

d Ab September _____ die ausländischen

Mitarbeiter Deutsch _____ müssen.

3 Answer the questions using the future tense with *werden*. Start your answers with the time phrase given, and be careful about word order.

a Wann fahren sie nach Berlin? (*in January*)

_____

b Wann verdient sie endlich Geld? (*next month*)

_____

c Wann nimmst du an diesem Projekt teil? (*next year*)

_____

d Wann darf ich ein neues Auto kaufen? (*in the summer*)

_____

e Wann fängt die Produktion von Kernenergie hier an? (*in two years*)

_____

f Wann versteht er das? (*probably never*)

_____

4 What are your predictions for our world in the next 20 years? On a separate sheet of paper, write three sentences in the future tense, choosing from these verbs and using different parts of *werden*.

entdecken   entwickeln   zerstören   schaffen   erfinden   abschaffen

Grammatik

The future tense

Use the present tense of *werden*, and an infinitive at the end of the sentence, to talk about the future.

*Ich **werde** Englisch **studieren**.*
I will/I'm going to study English.

*Die Flüchtlinge **werden** dagegen **demonstrieren**.* The refugees will/are going to demonstrate against it.

If a modal verb is involved, you can have two infinitives at the end of the sentence; put the modal verb last:

*Er **wird** Deutsch lernen **müssen**.*
He will have to learn German.

To revise the parts of *werden* and simple sentences in the future tense, see page 18.

Tipp

Remember that the present tense can also be used to talk about the future in German, using a time phrase to make things clear:

Morgen spielen wir Golf. Tomorrow we're playing golf.

Do make sure you use the future with *werden* as well in your assessed work, to show that you know how to!

Tipp

The structure *werden* + infinitive is built on to make other tenses in German:

- the future perfect tense (see page 57). *Ich werde Golf gespielt haben.* I will have played golf.

- the conditional (page 51). *Ich würde Golf spielen.* I would play golf.

1 Unjumble these sentences and say which tense is used for each.

   a der hatten Vorher wir an teilgenommen Demo.

   _____

   b werden Tages wir von Eines erneuerbaren abhängig Energieformen sein.

   _____

   c Die uns bestraft haben Behörden. _____

   d Emission Die globale wird verursacht die steigende von Erwärmung Treibhausgasen durch.

   _____

2 Complete each of these sentences with words of your own choice, using the verb and tense given each time.

   a In der Vergangenheit _____

   _____. (**geben** *imperfect tense*)

   b In der Zukunft _____

   _____.(**anerkennen** *future tense*)

   c Seit drei Jahren _____

   _____. (**wohnen** *present tense*)

   d Nachdem mein Kollege _____, hat er

   _____ _____

   _____. (**verlieren** *pluperfect tense* + **kaufen** *perfect tense*)

   e Vor einem Jahr _____

   _____. (**sich entschließen zu** *perfect tense*)

   f An deiner Stelle _____

   _____. (**machen** *conditional*)

   g Seitdem wir _____, _____

   _____. (**arbeiten** *present tense* + **haben** *present tense*)

3 Fill each gap with a verb in the present or imperfect tense as appropriate.

   a Er _____ seit zwei Jahren ein Leben hier _____. (**aufbauen**)

   b Seitdem er hier _____, ist er viel gesünder. (**wohnen**)

   c Diese Firma _____ seit Jahren Frauen. (**diskriminieren**)

   d Seitdem die Ausbeutung der Arbeiter _____, waren sie glücklicher. (**aufhören**)

4 Translate into German.

   a The immigrants will live in flats in the town centre. _____

   _____

   b We ate together after we had arrived. _____

   c The factory was built in two months. _____

   d We will have to produce solar power. _____

Grammatik

Time phrases

Time phrases without a preposition are usually in the accusative case:

jeden Montag every Monday

diesen Monat this month

die ganze Woche the whole week

The genitive case is used in a few set expressions:

eines Tages one day

eines Nachts one night (Why is this one unusual?)

The dative follows some prepositions used in time phrases:

an – am Samstag, am Wochenende, am Nachmittag

nach – nach vielen Wochen

seit – ich arbeite seit einem Jahr/seit 2012 hier

vor – vor einer Woche

in – in der Nacht, im Augenblick

Tipp

Use *seit* and *seitdem* with the **present** tense to show actions still going on:

Ich arbeite seit drei Jahren hier.

Seitdem ich hier wohne, bin ich glücklich.

Use them with the **imperfect** tense to say what had been the situation at a previous time in the past:

Ich wohnte seit vier Jahren hier.
I had been living here for four years.

Seitdem ich Tennis spielte, war ich fitter. Since I had been playing tennis, I was fitter.

1a Read each sentence and note down the infinitive of the main verb it contains.

   a Sie haben uns ihre Entscheidung mitgeteilt. _____

   b Man diskriminierte die älteren Leute in der Gesellschaft. _____

   c Man hat sie hier in der Hauptstraße überfallen. _____

   d Er ist Pfarrer geworden. _____

   e Das Geld hatte ihm leider nicht gereicht. _____

   f Die Fremdenfeindlichkeit hatte sich schon vor Jahren in dieser Stadt verbreitet. _____

   g Es lag an der hohen Zahl der Arbeitslosen. _____

   h Olaf war in den letzten Tagen krank gewesen. _____

1b Identify the verb tenses in the sentences in 1a: circle an imperfect tense, underline a perfect tense, and tick a pluperfect.

2 Complete the following sentences, using the verbs indicated in English.

   a Es _____ mir an Platz _____. (*will lack*)

   b Es _____ um mein Heimatland. (*is about*)

   c Es _____ ihm schwer _____, Arbeit zu bekommen. (*was hard*)

   d Es _____ mir egal, ob ich das machte oder nicht. (*didn't mind*)

   e Es _____ ihm gut _____. (*had pleased*)

   f Es _____ ihr _____, die Prüfung zu bestehen. (*succeeded*)

   g Es _____ Spaß _____, dahin zu fahren. (*will be fun*)

   h Es _____ uns leicht, Geld zu verdienen. (*was easy*)

3 Complete these sentences in the passive by adding the missing parts of *werden*, using the right tense.

   a Es _____ oft gesagt, dass ich schüchtern bin.

   b Letztes Jahr _____ er von Rechtsradikalen verprügelt.

   c Es muss bezahlt _____.

   d Wir wissen, dass wir jetzt von unseren Mitarbeitern verachtet _____.

   e Gestern sind sie von einer Polizistin angesprochen _____.

   f Am Tag vorher war ich von dem Professor gelobt _____.

   g Im letzten August _____ mir eine Reise nach Schweden angeboten.

   h Meine Mutter _____ nächste Woche vom Arzt behandelt _____.

4 Underline every verb in the text below. Then write each verb into the first column of the table and fill in the details required.

> Ich bin in Niedersachsen aufgewachsen, aber meine Eltern sind vor 25 Jahren nach Deutschland gekommen, weil mein Vater seine Arbeitsstelle in Polen verloren hatte. Es hat schwierige Zeiten für sie gegeben und sie sind nicht sofort hier akzeptiert worden, aber dann ist alles besser geworden und sie haben sich zu Hause gefühlt. Ich studiere hier.

verb in text	tense	German infinitive	English meaning
bin aufgewachsen	perfect		

5 Rewrite the sentences using the imperfect tense.

a Ich bin in München aufgewachsen.

_____

b Meine Eltern sind vor 20 Jahren nach Deutschland gekommen.

_____

c Sie sind nicht sofort von der Gemeinschaft akzeptiert worden.

_____

d Meine Mutter hat letztes Jahr ihre Arbeitsstelle verloren.

_____

e Es hat schwierige Zeiten für uns alle gegeben.

_____

1 Tragen Sie die Verben in diese Sätze ein. Achten Sie dabei auf die Zeitformen.

Die Arbeitslosigkeit damals und jetzt

Damals

a In den Jahren nach dem Zweiten Weltkrieg _____ die Bundesrepublik mehr Arbeiter. **(brauchen)**

b Die deutsche Regierung _____ zu dieser Zeit die ersten Gastarbeiter aus Südeuropa _____. **(holen)**

c Tausende von Arbeitern _____ damals ein neues Leben in Deutschland _____. **(anfangen)**

d In den folgenden Jahren _____ sie alle Deutsch und _____ ein neues Leben. **(lernen, beginnen)**

e Oft _____ man damals auch einen deutschen Pass _____. **(können, bekommen)**

Jetzt

f In den kommenden Jahren _____ es größere Probleme am Arbeitsmarkt _____. **(geben)**

g Da er an der Demonstration _____ _____, _____ ein Arbeiter neulich seine Stelle _____. **(teilnehmen, verlieren)**

h Die Arbeitslosigkeit _____ manchmal auch zur Obdachlosigkeit. **(führen)**

i Der Journalist Volker Thümm _____ morgen einen Bericht darüber _____. **(schreiben)**

j Man _____, dass die Wirtschaft sich in den kommenden Monaten _____ _____. **(hoffen, verbessern)**

2 Asylbewerber wurden gefragt: „Wie finden Sie das Leben in Deutschland?" Füllen Sie die Lücken in ihren Antworten aus. Benutzen Sie dazu die Wörter unten, aber Vorsicht: Es gibt mehr Wörter als Lücken!

a Die politische Freiheit, die man hier _____, _____ mir sehr gut.

b Zuerst _____ ich meine Heimat _____, aber jetzt geht's etwas besser.

c Ich _____ nicht, ob ich jeden Tag Wurst essen _____!

d Es _____ eine große Erleichterung, nicht mehr in meinem Heimatland zu _____.

e Es war schwieriger, als ich _____ _____, Arbeit zu finden.

f Ich _____ von den Behörden gut _____.

g Die Geschäfte sind voll toller Sachen, aber ich _____ sie mir nicht _____.

h Ich habe überall _____, aber keinen Arbeitsplatz _____.

hat	behandelt	suchte	leisten	vermisst	ist	gekauft	werde	erwartet
wurde	gefällt	hatte	gefunden	habe	sein	weiß	kann	gesucht

3 Notieren Sie die angegebenen Formen dieser Verben.

a treiben _____ (*he, perfect tense*)

b werden _____ (*we, imperfect*)

c machen _____ (*it, imperfect passive*)

d sich anpassen _____ (*she, present*)

e aufgeben _____ (*they, imperfect*)

f verursachen _____ (*it, present passive*)

g sich engagieren _____ (*you, sing. informal, present*)

h verstehen _____ (*you, pl. informal, perfect*)

i anbieten _____ (*I, pluperfect*)

j anerkennen _____ (*we, future*)

k sich bewähren _____ (*they, perfect*)

l benachteiligen _____ (*she, imperfect passive*)

4 Übersetzen Sie den Absatz ins Englische.

> Wir werden uns besser mit den Einwanderern beschäftigen müssen, wenn wir ihnen helfen wollen.
>
> Wir haben ihnen schon finanzielle Unterstützung angeboten, aber ansonsten sie sind benachteiligt worden.
>
> Die Ursachen ihrer Probleme wurden missverstanden, und es muss anerkannt werden, dass sie besondere Bedürfnisse haben.

_____

_____

_____

_____

_____

_____

5 Übersetzen Sie ins Deutsche.

a The victim understood the problem. _____

b He had to give up his English lessons. _____

c It's often recognised that refugees are disadvantaged. _____

_____

d We had offered the opportunity to him. _____

e These measures will cause more poverty. _____

_____

1 Which mood are these verbs in? Write them into the correct columns of the table.

indicative	subjunctive	imperative

> hat komm schreibt fahr wird hätte zeig würdet gibst
> wären sind konnte sieht gäbe kämen nimm ist könntest

2 Which of these statements are in the subjunctive? Tick the boxes.

a Wenn er bessere Ergebnisse bekommen hätte, wäre er jetzt an der Uni. ☐

b Letzte Woche hat die Regierung die neuen Regelungen veröffentlicht. ☐

c An seiner Stelle würde ich nicht daran arbeiten. ☐

d Meine Kollegin meint, sie habe keine Zeit dafür. ☐

e Das Atomkraftwerk wird geschlossen werden. ☐

f Es sieht aus, als ob sie krank sei. ☐

3 How many things is Jasmin being told to do? List them in English.

_____

_____

_____

Kommhereinundbeeildichundsetzdichundseiruhigundziehdeinejackeausundschreibkeinesmshörzuundmachdeinearbeit!

Grammatik

The three verb moods

In addition to the various **tenses**, German verbs can exist in three **moods**.

1 Indicative

Used for stating **facts**. This is the 'usual' one, that you've been using since you started learning German.

er spielt, er kann, er ist

*Er **ist** Alleinerziehender.*
He's a single parent.

2 Subjunctive

- Subjunctive 1 (present subjunctive). Used for reporting indirect speech, i.e. what someone else said or thought.

er spiele, er könne, er sei

*Er sagt, dass er erschöpft **sei**.*
He says he's exhausted.

- Subjunctive 2 (imperfect subjunctive). Used for hypothetical statements ('I would,' 'I could' etc.).

er spielte, er könnte, er wäre

*Er würde einen Porsche kaufen, wenn er reich **wäre**.* He would buy a Porsche if he were rich.

3 Imperative

Used for giving **commands**.

spiel! geht! seien Sie!

You can practise forming and using the subjunctive on pages 51–55.

Tipp

You'll have come across this before, for giving instructions or commands.

du: take the *du* form of the verb and miss off the ending *-st*:

geh! finde! nimm!

Verbs adding an umlaut in the *du* form lose it in the imperative: *fahr! lass!*

ihr – take the *ihr* form of the verb and simply miss out *ihr*:

macht! fahrt! nehmt!

Sie – take the *Sie* form of the verb and just put *Sie* afterwards:

sagen Sie! lesen Sie! nehmen Sie!

The imperative of the verb *sein* is irregular:

sei! seid! seien Sie!

1 What would they do? Complete the conditional sentences in German.

   a Meine Kollegen _____.
      (*would prefer not to work nights*)

   b Seine Schwester _____.
      (*would found a company*)

   c Der Schulleiter _____.
      (*would not recommend it*)

   d Ihr _____.
      (*would like to travel to Australia*)

   e Die Regierung _____.
      (*would never allow it*)

2 Which verbs do these imperfect subjunctive forms come from? Give the infinitives.

   a gäbe   _____   **e** müsstest   _____

   b hättet   _____   **f** käme   _____

   c sollten   _____   **g** spielte   _____

   d machte   _____   **h** könnten   _____

3a How does the imperfect subjunctive seem to be formed? Look at the examples in Exercise 2, and see if you can complete the explanation by putting an English word in each gap.

For _____ verbs, the imperfect subjunctive looks exactly like the _____ indicative. For _____ verbs, add these _____ to their usual third person imperfect form: -e, -est, -e, -et, -en. If the vowel of the stem is *a/o/u*, an _____ is usually added.

3b What would the following imperfect subjunctive forms be?

   a wohnen (ich) _____   **b** sehen (wir) _____

   c sein (er)   _____   **d** geben (es) _____

4 Find the pairs to make conditional sentences: write numbers in boxes. Fill each gap with an imperfect subjunctive verb.

   a Wir _____ einen Porsche kaufen, ☐

   b Ich _____ dir helfen, ☐

   c Wir _____ mehr Leben retten, ☐

   d Wenn Sie erst um drei Uhr _____, ☐

   e Die Solarenergie _____ billiger, ☐

   f Wenn mein Chef großzügiger _____, ☐

   1 wenn es sauberes Wasser _____.

   2 _____ _____ das Mittagessen verpassen.

   3 wenn _____ reich _____.

   4 _____ er mir mehr bezahlen.

   5 wenn wir mehr davon produzieren _____.

   6 wenn _____ mehr Zeit _____.

Grammatik

You're already familiar with this form: *ich würde* + an infinitive, to say what you **would** do. This is a conditional sentence. (*Würde* is actually the imperfect subjunctive of *werden*.)

Er würde nach Spanien fahren.

Ihr würdet lieber hier bleiben.

Wir würden an der Demo teilnehmen.

Sie würden nicht darüber sprechen.

See also page 18.

The imperfect subjunctive of other verbs

To make a more complex conditional sentence, use *wenn* with a verb in the imperfect subjunctive:

Ich würde einen Mercedes kaufen, wenn ich reich **wäre**. I would buy a Mercedes if I were rich.

Wir würden nach Paris fahren, wenn wir mehr Zeit **hätten**. We would travel to Paris if we had more time.

Note: you can also re-use *würden* and the infinitive of these other verbs, though repeating *würden* can make it all a bit unwieldy:

Ich würde ihn begrüßen, wenn ich ihn **sehen würde**. I would greet him if I saw him.

Tipp

Remember, when you want to show uncertainty, or speculation, use the **subjunctive**.

The imperfect subjunctive (**Subjunctive 2**), which is used to make the **conditional**, is the most useful form. Make sure you know these examples:

ich wäre

ich hätte

ich käme

es gäbe

ich würde + infinitive

ich sollte + infinitive

ich könnte + infinitive

■ Topic 3: The conditional perfect

1 Choose the correct past participle from the box and add the auxiliary verb to complete these opening clauses.

a Ich _____ das nicht richtig _____,

b Die zwei Drogensüchtigen _____ das Geld _____,

c Meine Eltern _____ stolz _____,

d _____ ihr mehr Aktien _____,

e Ein karitativer Verein _____ sich um ihn _____,

f Die Computerexpertin _____ das Programm früher _____,

g Er _____ sein Studium nicht _____,

h Das Opfer _____ _____,

> gewesen   gekauft   gefunden   abgebrochen
> gestorben   gekümmert   entwickelt   gestohlen

2 Match each *wenn* clause to the most logical main clause in Exercise 1: put letters in the boxes. Write in the correct forms of the auxiliary verbs.

1 ☐ wenn er um Hilfe gebeten _____.

2 ☐ wenn ihr reicher gewesen _____?

3 ☐ wenn sie die technischen Probleme gelöst _____.

4 ☐ wenn der Wachmann sie nicht gesehen _____.

5 ☐ wenn wir nicht gekommen _____.

6 ☐ wenn ich Rechtsanwalt geworden _____.

7 ☐ wenn man ihm keine Strafe gegeben _____.

8 ☐ wenn er die Unterstützung seiner Familie gehabt _____.

3 Finish the sentences to match the details given in English.

a Ich hätte dich getroffen, _____.
   (*if I hadn't been late*)

b Wir wären glücklicher gewesen, _____.
   (*if it had cost less*)

c Anja hätte das Problem vermieden, _____.
   (*if she had prepared better*)

d Die Arbeitgeber hätten Geld gespart, _____.
   (*if they hadn't given us lunch*)

e Er wäre nach Indien gereist, _____.
   (*if he'd had time*)

f Ich hätte alles verstanden, _____.
   (*if I had read the book*)

Grammatik

The conditional perfect is used for saying what might have happened (but didn't) in the past. It is easy to form: use the auxiliary verb *haben* or *sein* in its imperfect subjunctive form + a past participle:

*Er **hätte** an der Demo **teilgenommen**.* He would have taken part in the demonstration.

*Wir **wären** in die Stadt **gegangen**.* We would have gone into town.

Tipp

Make sure you use the correct auxiliary verb. Imperfect subjunctive forms:

haben *ich hätte, du hättest, er/sie/ es/man hätte, ihr hättet, wir/Sie/sie hätten*

sein *ich wäre, du wärest, er/sie/es/ man wäre, ihr wäret, wir/Sie/sie wären*

Check the list starting on page 66 for verbs used with *sein*.

Grammatik

More complex sentences with the pluperfect subjunctive

Add a *wenn* clause to say what would have been done in the past if things had been different.

*Ich wäre nach Australien gereist, **wenn** ich im Lotto gewonnen hätte.* I would have travelled to Australia, if I had won the lottery.

1 Think of what you already know about German subordinating conjunctions. Complete the paragraph.

Subordinating conjunctions send _____ to the _____ clause. There is normally a _____ before the conjunction. Examples of subordinating conjunctions are: _____

2a Unjumble these sentences, putting the subordinate clause second. Begin with the underlined word. Remember the comma!

a sehe oft <u>ich</u> ich hier ihn sehr seitdem wohne

_____

b ist sehr <u>er</u> an nimmt der er seitdem Forschung teil fleißig

_____

c Stress immer <u>sie</u> die hat sie seitdem neue Arbeitsstelle hat

_____

2b Write them out again, starting with *seitdem*. Underline the 'verb – comma – verb' sequence in each one.

a _____

b _____

c _____

Grammatik

als ob, als

Als ob (as if) is used with a subjunctive verb form, to show that the state or action being talked about is not reality.

Er spricht, als ob er keine Ahnung davon **habe**.

Sie handelten, als ob sie das gut verstanden **hätten**.

Als can be used on its own in the same way, but the verb follows it immediately rather than being sent to the end.

Er spricht, als **habe** *er keine Ahnung davon*.

To revise or learn more about the subjunctive, see pages 54–5.

3 Find the pairs. Write the numbers in the boxes. Circle the subjunctive verb in each one.

a Es sieht so aus, als hätten ☐

b Der Student macht das, als ob ☐

c Sie sagten es, als ☐

d Sie blieb stehen, als ☐

1 es sein letzter Tag hier bei uns sei.

2 könnte sie sich nicht bewegen.

3 meine Kollegen das gar nicht gemacht.

4 ob sie es wirklich glaubten.

4 On a separate sheet of paper, write sentences in German. Make up your own endings.

a Since I've worked here, I…

b She looks as though she…

c He acted as though he…

d You speak as though you…

Grammatik

Subordinate clauses

- A subordinate clause is linked to a main clause by a **subordinating conjunction**. This makes the **verb**, its subordinate, go **to the end of the clause**.

- Where there are two verbs at the end of the subordinate clause, the finite verb (with a changeable ending), goes last, after an infinitive or a past participle.

Ich denke, **dass** *du eine Lösung finden* **musst**.

Ich bin müde, **weil** *ich nicht geschlafen* **habe**.

- When the verb at the end of the clause is separable, the two parts join together in one word:

Er sah die Katze, **sobald** *er* **ankam**.

- Subordinate word order is also used after question words, when they're used indirectly (without a question mark).

Ich weiß nicht, **warum** *er hier* **ist**. I don't know why he's here.

- You can start a sentence with a subordinate clause, then the verb of the main clause must come second: 'verb – comma – verb'.

Da er schuldig **war**, **hat** *er eine Strafe bekommen*.

To revise subordinating conjunctions, see page 20.

seitdem (since)

Seitdem is a subordinating conjunction:

Ich habe mehr Geld, seitdem ich in der Fabrik arbeite. I have more money since I've worked/I've been working in the factory. (The German present tense after *seitdem* corresponds to the English perfect tense, just as it does after *seit*).

Seitdem er obdachlos war, war er immer krank. Since he had become homeless, he was always ill. (The German imperfect tense after *seitdem* corresponds to the English pluperfect tense.)

Grammatik

Reported speech and thoughts

The present subjunctive is used for this. However, it's important that the subjunctive verb is **seen** to be different from the usual (indicative) verb form, to make it clear that this is reported and may not be fact. So, where necessary, the imperfect subjunctive is used instead of the present.

Er sagt, er **spiele** *Tennis.* (Different ending from indicative, so it's fine to use present tense.)

Sie sagen, sie **spielten** *Tennis.* (Ending would be the same as the indicative, so the tense must be changed from the present to the imperfect.)

Note the use of a comma after *sagt* and *sagen*.

Forming the subjunctive

present tense (often known as Subjunctive 1 or *Konjunktiv 1*)

For regular and irregular verbs, add the endings shown here for *spielen* and *geben* to the verb stem:

ich spiele	*ich gebe*
du spielest	*du gebest*
er/sie/es/man spiele	*er/sie/es/man gebe*
wir spielen	*wir geben*
ihr spielet	*ihr gebet*
Sie/sie spielen	*Sie/sie geben*

imperfect tense: (often known as Subjunctive 2 or *Konjunktiv 2*)

For regular verbs, this is exactly the same as the imperfect indicative.

For irregular verbs, add the above endings to the *er/sie/es* imperfect indicative, and an umlaut to the stem vowel where possible:

er gäbe

sie sähen

er schriebe

See page 51 for more practice of the imperfect subjunctive.

1 Find the odd ones out. Which two of the words listed cannot be a subjunctive form?

> fliegest   könne   würde   machst   verzichtete   schütze
> speichern   fänden   holt   ersetze

2 Fill each gap with the given verb in the subjunctive (either 1 or 2). Make sure it looks different from the present indicative.

a Sie denkt, ich _____ zu viel. (**sprechen**)

b Sie sagen, er _____ es kaufen. (**müssen**)

c Sein Arbeitgeber meint, er _____ zu wenig. (**arbeiten**)

d Die Regierung äußert die Meinung, es _____ zu viel, das zu machen. (**kosten**)

e Du glaubst, wir _____ zu viel von ihm. (**verlangen**)

3 Report what they say or think: use *sagen* or any suitable thinking verb.

Jonas: (Ich gehe heute Abend ins Kino.)

Jonas denkt, er gehe heute Abend ins Kino.

a Markus: (Ich bereite jetzt meinen Vortrag für die Konferenz vor.)

_____

b Anja: (Es kostet zu viel Geld.)

_____

c Yuri: (Ich kann das nicht schaffen.)

_____

d Fatima: (Ich will später Physik studieren.)

_____

Tipp

Remember, this is used to show things that are uncertain or not factual. Its main uses are:

• for reporting the words of other people (distancing the author from responsibility for their truth).

• for the conditional (saying what might happen or might have happened).

Tipp

Use any of these verbs to say what someone thinks:

denken (to think)

glauben (to believe)

meinen (to be of the opinion)

finden (to find)

behaupten (to maintain)

äußern (to express an opinion)

1 Unjumble these reported statements or questions. Begin with the underlined words and think carefully about word order and commas.

a dass Forscher <u>Die</u> sei behaupten es möglich

_____

b viel koste <u>Meine</u> meint es zu Chefin Geld

_____

c <u>Sie</u> dafür habe er nicht genug dass Zeit sagen

_____

d fragen Studenten gebe warum es so <u>Die</u> viel Arbeit

_____

e ungerecht <u>Er</u> Arbeitsbedingungen seien die glaubt

_____

2 Pick the correct subjunctive form of *haben* or *sein* to fill each dotted line, and a suitable past participle for each solid line.

Perfect:

a Ihr Arbeitgeber sagte, Katja .... gut _____ .

b Das Opfer meint, die Strafe .... nicht hart genug
_____ .

c Sie fragte, wie du diesem Teufelskreis _____ ....

Pluperfect:

d Er dachte, dass ich zu viel dafür _____ ....

e Sie haben gefragt, ob wir schon _____ ....

> sei   seist   hätten   hätte   habe
>
> entkommen   gegessen   bezahlt   angekommen   gewesen   gearbeitet

3 This suspect denies the crime she's accused of! On a separate sheet of paper, write an accurate report of what she says, using indirect speech. Try to use alternatives to *sie sagt*. Add more detail to her account if you can.

"Ich habe das Handy nicht gestohlen. An dem

Nachmittag bin ich gar nicht in der Stadtmitte

gewesen. Ich bin alleine zu Hause geblieben. Ich

hatte bei meinem Vater zu Mittag gegessen und

dann war ich müde. Ich glaube, ich habe diese

Dame noch nie in meinem Leben gesehen."

Grammatik

Subjunctive of *haben* and *sein*

You will quite often see the subjunctive of these useful verbs. (Where the present tense is the same as the indicative, the imperfect subjunctive is given here in brackets to use instead.)

ich sei	*habe (hätte)*
du sei(e)st*	*hab(e)st**
er/sie/es/man sei	*habe*
wir seien	*haben (hätten)*
ihr seiet	*habet*
sie/Sie seien	*haben (hätten)*

*In everyday language, the e tends to be left out of the ending for the *du* form of these: *du seist, du habst*.

Reported speech: perfect or pluperfect tense

If the perfect or pluperfect tense is in a person's original words, use it in the reported speech as well. Use the present/imperfect <u>subjunctive</u> of *haben* or *sein* + past participle.

Perfect: *Er sagte, **du habest** es **gemacht**.* He said you have done it.

*Sie denken, **er sei** nach Hause **gegangen**.* They think he's gone home.

Pluperfect: *Sie meinte, **ich hätte** Volleyball **gespielt**.* She thought I had played volleyball.

Tipp

You can use *dass*, to say 'that', or leave it out. If you do use it, remember to send the verb to the end after it.

Er sagt, er sei müde. He says he's tired.

*Er sagt, **dass** er müde sei.* He says **that** he's tired.

Tipp

Use *ob* to say 'if' or 'whether' in reported questions, and send the verb to the end.

*Sie fragte, **ob** er mein Bruder sei.* She asked **if** he is my brother.

Use question words as subordinating conjunctions:

*Er fragte, **warum** sie das gemacht habe.* He asked **why** she had done that.

Topic 3: Word order to give emphasis

1 Which word order rules do you know for German? Make a quick list.

_____

_____

_____

_____

Tipp

As well as following the rules of word order, you can make choices to change the emphasis of what you say and create your own style. Begin your sentence with the element you want to stress.

2 Rewrite each sentence twice, using the same words but each time changing the emphasis, and adjusting word order as necessary. Underline the part you have emphasised.

a Diese Arbeitsstelle ist für ihn ideal, da er gerne im Freien arbeitet.

1 _____

2 _____

b Er fuhr zu schnell die Hauptstraße entlang, als die alte Dame ihn sah.

1 _____

2 _____

c Naturwissenschaftler haben neulich Fortschritte bei der Stammzellenforschung gemacht.

1 _____

2 _____

d Ich hätte gern an der Demonstration teilgenommen, weil ich gegen die Atomkraft bin.

1 _____

2 _____

e Therapien für verschiedene Krankheiten werden bald möglich sein.

1 _____

2 _____

3 Rewrite each sentence, adding details as suggested in English to be emphasised at the start of each sentence. Make any necessary adjustments to word order.

a Seine Bewerbung war erfolgreich. (*fortunately*)

_____

b Sie hat den Täter-Opfer-Ausgleich gefördert. (*because she was interested in it*)

_____

c Ich hätte es nie geschafft. (*without your help*)

_____

d Mein Freund hat seinen Führerschein bekommen. (*although he doesn't like cars*)

_____

Grammatik

Variations in normal word order

Try starting your sentence with one of these, depending on what you want to give emphasis to:

- The accusative object

Den Täter hatte ich schon gesehen.

- The dative indirect object

Dem Polizisten habe ich es gezeigt.

- An adjective

Dunkel war es, als er ankam.

- An adverb

Langsam ging er die Straße entlang.

- A time expression

Am nächsten Tag bin ich nach Münster gefahren.

- A preposition

Neben Drogen ist Alkohol eine Ursache von Kriminalität.

- A subordinate clause

Weil er Angst davor hatte, ging er nie nachts in die Stadt.

Remember that whatever you start with, the main verb is always the second idea in the sentence. So, after a subordinate clause for example, the main verb must come next.

1a Fill the gaps in these future perfect sentences. (The past participle is already in place.)

a Der Reiseleiter _____ uns den Dom gezeigt _____.

b Die ersten Touristen _____ ins All geflogen _____.

c Man _____ bessere Kleidungsstoffe entwickelt _____.

d Ich _____ Lehrerin geworden _____.

e Fast alle Haushalte _____ diese Technologie gekauft _____.

f Wir _____ nach München umgezogen _____.

1b Add a time phrase to each of the sentences in Exercise 1a. Write out the new sentences on a separate sheet of paper.

a (*in a few minutes*)　　　　　d (*in two years*)

b (*within the next twenty years*)　e (*in the foreseeable future*)

c (*at the end of the decade*)　　f (*in three months*)

2 Translate into German. Check carefully for past participles which take *sein*.

a In six months I will have left school.

_____

b In twenty years this town will have grown.

_____

c Next year he will have bought a motorbike.

_____

d By the end of the decade, scientists will have developed this technology.

_____

_____

e In forty minutes they will have arrived at the station.

_____

f Soon all my friends will have found work.

_____

g Next month I will have earned enough money for a car.

_____

_____

h Tomorrow the protest will have taken place.

_____

Grammatik

Use the future perfect tense to refer to things which **will have been completed** at a certain point in the future.

It is a combination of the future tense and the perfect tense: use the present tense of *werden* + past participle + the infinitive *haben* or *sein*.

Ich **werde** *ein Auto* **gekauft haben.**
I will have bought a car.

Sie **werden** *hier* **angekommen sein.**
They will have arrived here.

Tipp

Use time phrases with the future perfect tense to give specific details.

in wenigen Jahren

nächste Woche

am Ende des Jahrzehnts

in absehbarer Zukunft

innerhalb der nächsten fünf Jahre

Remember, these usually go at the start of the sentence, with the main verb (*werden*) second:

In zehn Jahren wird er die neue Technologie entwickelt haben.

Topic 3: The conditional perfect

1a Circle the correct auxiliary verb in these opening clauses.

a   Sie **hättet** / **wäre** / **hätte** das Spiel gewonnen,

b   Sein Vater **hätte** / **wäre** / **wärt** stolz auf ihn gewesen,

c   Ihr **hättet** / **wärt** / **hätten** das Theaterstück gut gefunden,

d   Die Forscher **hätten** / **wären** / **wäre** nie auf die Idee gekommen,

e   Der Täter **wären** / **wäre** / **wärt** weggelaufen,

f   Du **hättest** / **wärst** / **hätte** nie nach Berlin gefahren,

1b Now find the pairs: note a–f in the boxes next to 1–6. Choose the right past participle in the box for each gap.

1 ☐ wenn die Polizisten ihn nicht _____ hätten.

2 ☐ wenn ihr _____ wärt.

3 ☐ wenn sie sich _____ hätte.

4 ☐ wenn der Professor nicht _____ hätte.

5 ☐ wenn ich nicht mit dir _____ wäre.

6 ☐ wenn er die Prüfung _____ hätte.

| gesehen   bestanden   gefahren |
| mitgearbeitet   konzentriert   mitgekommen |

2 Viktoria has a few regrets about last weekend! What does she wish?

a   Hätte ich nur _____! (*less beer*)

b   _____! (*earlier to bed*)

c   _____! (*not so many chips*)

d   _____! (*more work*)

3 And your weekend? What do you wish you had done?

_____

_____

_____

_____

Grammatik

The conditional perfect is used to talk about **what might have happened**, but didn't, in the past. It is the imperfect subjunctive of the auxiliary verb haben/sein and a past participle:

ich hätte, du hättest, er hätte, ihr hättet, wir/Sie/sie hätten

ich wäre, du wär(e)st, er wäre, ihr wärt, wir/Sie/sie wären

*Er **hätte** sie **kennen gelernt**.* He would have met her.

*Du **wärst gefallen**.* You would have fallen.

This is the same as the pluperfect subjunctive.

An alternative to the pluperfect subjunctive is *würde* + pluperfect infinitive:

Er würde sie kennen gelernt haben.

Du würdest gefallen sein.

Tipp

Use the conditional perfect to say what you wish you had done in the past (if only I had …). Start with the auxiliary verb:

Hätte ich nur die E-Mail nicht geschrieben! If only I hadn't written the email!

Wäre ich nur da gewesen, dann hätte ich ihm geholfen. If only I had been there, then I would have helped him.

1 How would you say these phrases in English?

a Er lässt mich warten. _____

b Meine Eltern lassen mich mit ihrem Auto fahren.

_____

c Die Fenster lassen sich öffnen. _____

d Du hast mich mit deinem Computer spielen lassen.

_____

e Wir lassen die Teppiche reinigen. _____

f Er lässt sich am Arm operieren. _____

g Sie lassen sich am Villa in Portugal bauen.

_____

h Ich habe mein Fahrrad reparieren lassen.

_____

2 Two words have been left out of each of these sentences. Rewrite them inserting the correct form of *lassen* and an infinitive from the list.

a Ich die Kinder bis zehn Uhr. _____

b die Lehrer uns nach Hause? _____

c Er hat die Teller. _____

d Sie ihre Schuhe. _____

e Wir einen neuen Wintergarten. _____

f Ich habe meine Fingernägel bunt. _____

| gehen | reparieren | lackieren | fernsehen | bauen | fallen |

3 Translate these sentences into German, using *lassen* with an infinitive.

a The company lets its workers take a midday break.

_____

b Yesterday, the parents let their children watch TV until late.

_____

c My sister is having her leg operated on.

_____

d Last week I had my hair cut.

_____

e I'm going to get my computer repaired.

_____

Tipp

The useful verb *lassen* has many meanings, including:

1 to have something done

Wir lassen (uns) ein Haus bauen. We're having a house built.

2 to let/permit/allow

Die Mutter lässt die Kinder spät ins Bett gehen. The mother lets the children go to bed late.

Es lässt sich schwer öffnen. It's hard to open (literally, it lets itself be opened with difficulty).

3 to leave/leave behind

Ich habe die Schlüssel im Auto liegen lassen. I've left the keys in the car.

lassen is an irregular (strong) verb. Check its forms in the verb list starting on page 66 if you're unsure of them.

Grammatik

***lassen* with an infinitive**

lassen is used with an infinitive at the end of the sentence for two of its meanings:

- When someone lets you do something

Er lässt mich mit seinem Motorrad fahren. He lets me ride his motorbike.

- When you get something done (rather than doing it yourself)

Ich lasse mir die Haare schneiden. I'm getting my hair cut.

In the perfect tense when used with an infinitive, *lassen* remains in its infinitive form and goes at the end of the sentence:

Er hat mich mit seinem Motorrad fahren lassen.

Ich habe mir die Haare schneiden lassen.

1 Find the pairs.

a Weil die Sportbekleidungsindustrie ☐

b Bei der Laufbekleidung sind ☐

c Die Bewegungsfreiheit darf ☐

d Schlank geschnittene Hosen sollen ☐

e Die neuesten Entwicklungen führen zu Stoffen, die ☐

f Die Stoffe werden auch ☐

1 durch Kompression die Blutzirkulation erhöhen.

2 nicht eingeschränkt sein.

3 viel Geld abwirft, gibt es viel Konkurrenz.

4 wasserdicht gemacht.

5 federleicht sind.

6 sowohl Mode und als auch Funktion sehr wichtig.

2 Write a short advert in German for a new type of running trousers. Use ideas from the sentences in Exercise 1, and write no more than 60 words.

_____

_____

_____

_____

_____

_____

_____

3 Complete the table, giving the *er/sie/es* form of the verb in the required forms each time.

	machen	müssen	geben
present			
imperfect	machte		
perfect			
future			
passive			
pluperfect			
future perfect			
conditional		würde ... müssen	
conditional perfect			
present subjunctive			
imperfect subjunctive			

4 Read the information about video cameras in the wild. Find the following grammar features:

a One sentence in the passive _____

b Two subordinating conjunctions _____ _____

c Three prepositions _____ _____ _____

d Four adjectives with endings _____ _____ _____ _____

> 1 In manchen deutschen Wäldern findet man sogenannte Wildkameras.
>
> 2 Wenn ein Tier vorbeiläuft, kann man Bilder davon sehen.
>
> 3 So erfährt man, ob es in Niedersachsen wieder Wölfe gibt.
>
> 4 Aber manche Zweibeiner werden dann zufällig auch gesehen.
>
> 5 Wenn die Kameras persönliche Daten aufnehmen, dann sind Datenschützer dagegen.

5 Write out the sentences from the text in Exercise 4, changing all the verbs to the imperfect tense.

1 _____

2 _____

3 _____

4 _____

5 _____

6 Write out sentences 2, 3 and 5 again, with the verbs in the conditional perfect this time.

2 _____

_____

3 _____

_____

5 _____

_____

Tipp

Remember that to say 'when' in the past, use *als*.

To say 'if' in conditional perfect sentences about the past, use *wenn*.

1a Lesen Sie den folgenden Bericht.

Lokomotivführer übersah Signale

Der Lokomotivführer eines Güterzugs, der mit einem Personenzug zusammengestoßen _____,
_____ am Montag zu Beginn eines Prozesses, er _____ sich den Unfall "nicht erklären".
Er _____ es unmöglich zu sagen, ob es am dichten Nebel gelegen _____, oder aus anderen
Gründen passiert _____. Das _____ ihm bis heute unerklärbar. Er _____, als ob er wirklich
keine Ahnung _____.

1b Hier sind die fehlenden Verben im Bericht. Wo gehören sie hin? Füllen Sie die Lücken im Text.

> könne   habe   sagte   war   finde   hätte   sei (x2)   sprach

1c Welche Zeitform bildet jedes Verb im Text? Notieren Sie die Zeitformen
(auf Englisch) auf den Linien.

imperfect – pluperfect – present subjunctive – imperfect subjunctive

könne _____

habe _____

sagte _____

war _____

finde _____

hätte _____

sei (x2) _____

sprach _____

2 Schreiben Sie jetzt einen zweiten Bericht auf Deutsch. Verwenden Sie dabei die Ideen aus dem
ersten Bericht.

The driver of a lorry which had crashed into a car

_____

said he can explain the accident.

_____

He said he didn't fall asleep,

_____

and it's clear to him that it was because of the thick fog.

_____

He spoke as though he had no doubts.

_____

3 Wie lauten die Infinitive dieser Verben?

a angekommen _____

b verbreitet _____

c würden _____

d ist _____

e genannt _____

f geworden _____

4a Lesen Sie folgenden Text zum Thema Cloud-Computing.

> Das Cloud-Computing ist in der deutschen Unternehmenswirklichkeit angekommen.
>
> Die Virtualisierung verbreitet sich sehr schnell. Immer mehr Arbeitnehmer würden
>
> gern mit ihren privaten Geräten zu Hause arbeiten.
>
> Die Sorgen mancher um Sicherheit und Datenschutz werden "irrational" genannt.
>
> Bald wird diese Technologie Teil des Alltags geworden sein.

4b Welche der folgenden Zeitformen finden sich im Text? Nummerieren Sie die relevanten Verben im Text und haken Sie sie hier ab (✓).

1 present ☐

2 imperfect ☐

3 perfect ☐

4 pluperfect ☐

5 future ☐

6 passive ☐

7 conditional ☐

8 future perfect ☐

4c Warum stehen diese Wörter am Satzende? Erklären Sie dies auf Englisch.

a angekommen _____

b arbeiten _____

c genannt _____

d sein _____

5 Schreiben Sie jeden Satz des Textes um, indem sie ihn mit einem anderen Wort aus dem Satz anfangen.

_____

_____

_____

_____

_____

_____

_____

1 Lesen Sie die Aussagen eines Chirurgen über eine neue medizinische Technologie. Füllen Sie die Lücken mit Verben aus dem Kasten (achten Sie dabei auf die Endungen!). Es gibt mehr Verben als Lücken.

"Mit neuen Formen der Ultraschalltherapie (1)_____ Chirurgen manchmal auf blutige Schnitte verzichten.

Der Patient (2)_____ seinen Kopf in einen Ultraschall-Helm.

Er muss sich deshalb nicht (3)_____ lassen.

Weil keine Narkose nötig (4)_____, kann der Chirurg mit dem Patienten (5)_____.

Das (6)_____ den Erfolg der Behandlung".

| legen | erhöhen | können | kommen | kommunizieren | sein | operieren |

2 Was hat der Chirurg gesagt? Berichten Sie über seine Aussagen:

Er sagt, mit neuen Formen der Ultraschalltherapie könnten …

_____

_____

_____

_____

_____

_____

_____

3 Schreiben Sie die Sätze zu Ende.

a Patienten müssen sich nicht so oft _____.
  (*be operated on*)

b Chirurgen _____.
  (*let the patients communicate*)

c Die Ultraschalltherapie _____.
  (*lets surgeons do without cuts*)

d Solche Therapien _____.
  (*would increase the success of the treatment*)

e Ich _____.
  (*would prefer to have ultrasound therapy than be operated on*)

f Dann _____.
  (*I wouldn't need an anaesthetic and I would be able to communicate with the surgeon*)

4a Lesen Sie den folgenden Bericht.

> Die Hauseinbruchszahlen werden bald erschreckende Rekordwerte erreicht haben. Manche Politiker sagen, es liege an der Öffnung der Grenzen in Europa. Einbrüche und Diebstähle von Kabel und Metall haben auch rasant zugenommen.
>
> In den kommenden Monaten wird die Regierung neue Bekämpfungsstrategien eingeführt haben. Die Aufklärungsrate dieser Verbrechen ist aber sehr niedrig.
>
> Ein Polizeisprecher meint: "Wenn wir in den letzten Jahren mehr Telefonüberwachungen gehabt hätten, hätten wir diese kriminellen Netzwerke besser aufgedeckt."

4b Unterstreichen Sie im Text ein Beispiel jeder der folgenden Zeiten:

a the present tense

b the perfect tense

c the future perfect tense

d Subjunctive 1 (reported speech)

e the conditional perfect

4c Wie lauten die folgenden Sätze auf Deutsch? Die Vokabeln finden sich im Text.

a Soon the numbers will have reached record levels. _____

_____

b Some say it's due to the opening of borders. _____

c The government will have introduced new strategies. _____

_____

d If we had had more phone tapping … _____

e We would have uncovered these networks. _____

_____

5a Schreiben Sie die folgenden Sätze zu Ende.

a In zwei Jahren _____ sich die Diebstahlzahlen _____ _____.
(**erhöhen** *future perfect*)

b Er sagt, seiner Meinung nach _____ es _____ Mangel an Telefonüberwachungen.
(**liegen an** *present subjunctive*)

c Die Polizei _____ mehr kriminelle Netzwerke _____ _____.
(**aufdecken** *future perfect*)

d Wir _____ härtere Strafen _____ _____. (**einführen** *future perfect*)

e Wenn wir die Grenzen nicht _____ _____, _____ es nicht dieses

Problem _____. (**öffnen, geben** *conditional perfect*)

5b Übersetzen Sie diese neuen Sätze (Übung 5a) ins Englische.

_____

_____

_____

_____

The more common irregular verbs

The forms of compound verbs are the same as for the basic verbs, e.g. *anfangen* has the same irregularities as fangen. * Verbs which take *sein* in the perfect tense.

infinitive	3rd person sing. present	imperfect indicative	past participle	English
backen	bäckt / backt	backte / buk (old)	gebacken	*to bake*
befehlen	befiehlt	befahl	befohlen	*to order*
beginnen	beginnt	begann	begonnen	*to begin*
beißen	beißt	biss	gebissen	*to bite*
bewegen	bewegt	bewog	bewogen	*to move*
biegen	biegt	bog	gebogen	*to bend*
bieten	bietet	bot	geboten	*to offer*
binden	bindet	band	gebunden	*to tie*
bitten	bittet	bat	gebeten	*to ask*
blasen	bläst	blies	geblasen	*to blow*
bleiben	bleibt	blieb	geblieben*	*to stay*
braten	brät	briet	gebraten	*to roast, fry*
brechen	bricht	brach	gebrochen	*to break*
brennen	brennt	brannte	gebrannt	*to burn*
bringen	bringt	brachte	gebracht	*to bring*
denken	denkt	dachte	gedacht	*to think*
dringen	dringt	drang	gedrungen*	*to penetrate, push*
dürfen	darf	durfte	gedurft	*to be allowed to*
empfangen	empfängt	empfing	empfangen	*to receive*
empfehlen	empfiehlt	empfahl	empfohlen	*to recommend*
empfinden	empfindet	empfand	empfunden	*to feel*
erschrecken	erschrickt	erschrak (intrans.) / erschreckte (trans.)	erschrocken (intrans.) / erschreckt (trans.)	*to scare*
essen	isst	aß	gegessen	*to eat*
fahren	fährt	fuhr	gefahren*	*to go, travel, drive*
fallen	fällt	fiel	gefallen*	*to fall*
fangen	fängt	fing	gefangen	*to catch*
finden	findet	fand	gefunden	*to find*
fliegen	fliegt	flog	geflogen*	*to fly*
fliehen	flieht	floh	geflohen*	*to flee*
fließen	fließt	floss	geflossen*	*to flow*
fressen	frisst	fraß	gefressen	*to eat (of animals)*
frieren	friert	fror	gefroren	*to freeze*
geben	gibt	gab	gegeben	*to give*
gehen	geht	ging	gegangen*	*to go*
gelingen	gelingt	gelang	gelungen*	*to succeed*
gelten	gilt	galt	gegolten	*to be valid, count*
genießen	genießt	genoss	genossen	*to enjoy*
geschehen	geschieht	geschah	geschehen*	*to happen*
gewinnen	gewinnt	gewann	gewonnen	*to win*
gießen	gießt	goss	gegossen	*to pour*
gleichen	gleicht	glich	geglichen	*to resemble*
gleiten	gleitet	glitt	geglitten*	*to slide*

infinitive	3rd person sing. present	imperfect indicative	past participle	English
graben	gräbt	grub	gegraben	to dig
greifen	greift	griff	gegriffen	to grasp
haben	hat	hatte	gehabt	to have
halten	hält	hielt	gehalten	to stop
hängen	hängt	hing	gehangen	to hang
heben	hebt	hob	gehoben	to lift
heißen	heißt	hieß	geheißen	to be called
helfen	hilft	half	geholfen	to help
kennen	kennt	kannte	gekannt	to know
klingen	klingt	klang	geklungen	to sound
kommen	kommt	kam	gekommen*	to come
können	kann	konnte	gekonnt	to be able to
kriechen	kriecht	kroch	gekrochen	to creep
laden	lädt	lud	geladen	to load
lassen	lässt	ließ	gelassen	to allow
laufen	läuft	lief	gelaufen*	to run
leiden	leidet	litt	gelitten	to suffer
leihen	leiht	lieh	geliehen	to lend
lesen	liest	las	gelesen	to read
liegen	liegt	lag	gelegen	to lie
lügen	lügt	log	gelogen	to tell a lie
meiden	meidet	mied	gemieden	to avoid
messen	misst	maß	gemessen	to measure
mögen	mag	mochte	gemocht	to like
müssen	muss	musste	gemusst	to have to
nehmen	nimmt	nahm	genommen	to take
nennen	nennt	nannte	genannt	to name
pfeifen	pfeift	pfiff	gepfiffen	to whistle
raten	rät	riet	geraten	to guess
reiben	reibt	rieb	gerieben	to rub
reiten	reitet	ritt	geritten	to ride
reißen	reißt	riss	gerissen	to rip
reiten	reitet	ritt	geritten*	to ride
rennen	rennt	rannte	gerannt*	to run
riechen	riecht	roch	gerochen	to smell
rufen	ruft	rief	gerufen	to call
saugen	saugt	saugte / sog	gesaugt / gesogen	to suck
schaffen	schafft	schuf	geschaffen	to manage
scheiden	scheidet	schied	geschieden*	to separate
scheinen	scheint	schien	geschienen	to shine
schieben	schiebt	schob	geschoben	to push, shove
schießen	schießt	schoss	geschossen	to shoot
schlafen	schläft	schlief	geschlafen	to sleep
schlagen	schlägt	schlug	geschlagen	to hit
schleichen	schleicht	schlich	geschlichen*	to creep, sneak
schließen	schließt	schloss	geschlossen	to shut

infinitive	3rd person sing. present	imperfect indicative	past participle	English
schmelzen	schmilzt	schmolz	geschmolzen	to melt
schneiden	schneidet	schnitt	geschnitten	to cut
schreiben	schreibt	schrieb	geschrieben	to write
schreien	schreit	schrie	geschrie(e)n	to cry
schwimmen	schwimmt	schwamm	geschwommen*	to swim
schweigen	schweigt	schwieg	geschwiegen	to be silent
schwören	schwört	schwor	geschworen	to swear
sehen	sieht	sah	gesehen	to see
sein	ist	war	gewesen*	to be
senden	sendet	sandte	gesandt	to send
singen	singt	sang	gesungen	to sing
sinken	sinkt	sank	gesunken*	to sink
sitzen	sitzt	saß	gesessen	to sit
sollen	soll	sollte	gesollt	to be supposed to
sprechen	spricht	sprach	gesprochen	to speak
springen	springt	sprang	gesprungen*	to jump
stehen	steht	stand	gestanden*	to stand
stehlen	stiehlt	stahl	gestohlen	to steal
steigen	steigt	stieg	gestiegen*	to climb
sterben	stirbt	starb	gestorben*	to die
stoßen	stößt	stieß	gestoßen	to push
streichen	streicht	strich	gestrichen	to paint, stroke
streiten	streitet	stritt	gestritten	to quarrel, argue
tragen	trägt	trug	getragen	to carry
treffen	trifft	traf	getroffen	to meet
treiben	treibt	trieb	getrieben	to do
treten	tritt	trat	getreten	to step
trinken	trinkt	trank	getrunken	to drink
tun	tut	tat	getan	to do
verderben	verdirbt	verdarb	verdorben	to spoil
vergessen	vergisst	vergaß	vergessen	to forget
verlieren	verliert	verlor	verloren	to lose
verschwinden	verschwindet	verschwand	verschwunden*	to disappear
verzeihen	verzeiht	verzieh	verziehen	to pardon
wachsen	wächst	wuchs	gewachsen*	to grow
waschen	wäscht	wusch	gewaschen	to wash
weisen	weist	wies	gewiesen	to show, point out
wenden	wendet	wandte	gewendet	to turn
werben	wirbt	warb	geworben	to advertise
werden	wird	wurde	geworden*	to become
werfen	wirft	warf	geworfen	to throw
wiegen	wiegt	wog	gewogen	to weigh
wissen	weiß	wusste	gewusst	to know
wollen	will	wollte	gewollt	to want to
ziehen	zieht	zog	gezogen	to pull
zwingen	zwingt	zwang	gezwungen	to compel

The present tense
Formation of regular verbs

To form the present tense of regular (weak) verbs, take off the final -en or -n from the infinitive and add back the endings as shown in the two examples below:

spielen	to play	lernen	to learn
ich spiele		ich lerne	
du spielst		du lernst	
er/sie/es spielt		er/sie/es lernt	
ihr spielt		ihr lernt	
wir spielen		wir lernen	
Sie/sie spielen		Sie/sie lernen	

For verbs whose stem ends in 'd' or 't', or in 'n' or 'm' after a consonant, the letter 'e' must be added before the present tense verb ending e.g.

landen – to land	warten – to wait	öffnen – to open	widmen – to dedicate
ich lande	ich warte	ich öffne	ich widme
du landest	du wartest	du öffnest	du widmest
er/sie/es landet	er/sie/es wartet	er/sie/es öffnet	er/sie /es widmet
wir landen	wir warten	wir öffnen	wir widmen
etc.	etc.	etc.	etc.

Formation of irregular verbs

Some verbs are irregular in the present tense. Three very important irregular verbs are:

haben to have	sein to be	werden to become
ich bin	ich lerne	ich werde
du bist	du lernst	du wirst
er/sie/es ist	er/sie/es lernt	er/sie/es wird
wir sind	ihr lernt	wir werden
ihr seid	wir lernen	ihr werdet
Sie/sie sind	Sie/sie lernen	Sie/sie werden
		Sie/sie sind

Irregular verbs do not have quite the same pattern as regular verbs. However, the differences are only slight and are to be found in the *du, er, sie* and *es* forms of the verb. Sometimes you add an *Umlaut* (o, a, u) and sometimes there is a vowel change:

	fahren to drive	laufen to run	tragen to carry
du	fährst	läufst	trägst
er/sie/es	fährt	läuft	trägt

Other useful verbs which change in the same way are:

empfangen	to receive
fallen	to fall
fangen	to catch
halten	to stop
schlafen	to sleep
schlagen	to hit
tragen	to carry/wear
waschen	to wash

Some common irregular verbs where there is a vowel change are:

	du	er/sie/es
essen	isst	isst
helfen	hilfst	hilft
lesen	liest	liest
nehmen	nimmst	nimmt
sehen	siehst	sieht
sprechen	sprichst	spricht
treffen	triffst	trifft
vergessen	vergisst	vergisst
wissen	weißt	weiß

The imperfect tense/simple past tense

The imperfect tense is also called the simple past tense, because the verb consists of just one element. The imperfect can be used for any action in the past and has the same meaning as the perfect tense (*ich spielte* = I played, I used to play, I was playing, I did play).

Weak (regular) verbs add the endings shown below to the stem of the verb.

ich	spiel**te**
du	spiel**test**
er/sie/es	spiel**te**
ihr	spiel**tet**
wir	spiel**ten**
Sie	spiel**ten**
sie	spiel**ten**

Strong (irregular) verbs change their stem in the imperfect and each form has to be learnt.

Remember that the *ich* form of the imperfect of irregular verbs is the same as the *er, sie* and *es* forms. Add *-st* to the *du* form and *-t* to the *ihr* form. For *wir, Sie* and *sie*, simply add *-en* to the stem.

ich	ging
du	ging**st**
er/sie/es	ging
ihr	ging**t**
wir	ging**en**
Sie	ging**en**
sie	ging**en**

Mixed verbs combine a change in their stem with *-te* endings of the regular verbs.

haben – ich hatte
kennen – ich kannte
wissen – ich wusste
bringen – ich brachte
verbringen – ich verbrachte
denken – ich dachte
rennen – ich rannte
nennen – ich nannte
brennen – ich brannte

Watch out for *sein* (to be):

ich	war
du	warst
er/sie/es	war
wir	waren
ihr	wart
Sie/sie	waren

The most irregular verb is *werden* (to become). It ends in *-de* instead of *-te*:

ich	wurde
du	wurdest
er/sie/es	wurde
wir	wurden
ihr	wurdet
Sie/sie	wurden

Modal verbs in the past tense are mostly used in their imperfect form:

	können	*dürfen*	*müssen*	*wollen*	*sollen*	*mögen*
ich	konnte	durfte	musste	wollte	sollte	mochte
du	konntest	durftest	musstest	wolltest	solltest	mochtest
er/sie/ es	konnte	durfte	musste	wollte	sollte	mochte
wir	konnten	durften	mussten	wollten	sollten	mochten
ihr	konntet	durftet	musstet	wolltet	solltet	mochtet
Sie/sie	konnten	durften	mussten	wollten	sollten	mochten

Transition from AS
Cases in German (page 5)

1a and 1b

a Der <u>Schauspieler</u> (nom.) spielt die <u>Rolle</u> (acc.) sehr gut.

b Der <u>Russe</u> (nom.) hat dem <u>Beamten</u> (dat.) seinen <u>Pass</u> (acc.) gezeigt.

c Die <u>Stadtverwaltung</u> (nom.) versprach den <u>Bürgern</u> (dat.) bessere <u>Straßen</u> (acc.).

d Der <u>Student</u> (nom.) fand den <u>Vortrag</u> (acc.) des <u>Professors</u> (gen.) besonders interessant.

e Ich habe meinen <u>Kindern</u> (dat.) die <u>Folgen</u> (acc.) der <u>Erderwärmung</u> (gen.) erklärt

2

a Der Sportler hat die Trainingsschuhe hier gekauft.

b Das ist die Handtasche der Professorin.

c Die Schülerin zeigte der alten Frau den Weg.

d Die Firma hat das Büro in Paris letztes Jahr eröffnet.

e Sind die Kinder der Nachbarin zu Hause?

f Der Manager sagte "guten Morgen" zu dem Sekretär.

g Das Problem ist, dass wir das Buch und die Papiere nicht finden können.

h Die Bürgermeisterin erklärte den Studenten die Abteilungen des Rathauses.

3a

a Today, the <u>tourist</u> (nom.) is visiting the <u>castle</u> (acc.)

b The <u>inhabitants</u> (nom.) of the <u>island</u> (gen.) are very poor.

c The <u>shop assistant's</u> (gen.) <u>uniform</u> (nom.) was green.

d The <u>manager</u> (nom.) promised the <u>workers</u> (dat.) more <u>money</u> (acc.)

e The <u>professor</u> (nom.) explained the <u>problem</u> (acc.) of global <u>warming</u> (gen.) to the <u>students</u> (dat).

3b

a Heute besucht die Touristin das Schloss.

b Die Einwohner der Insel sind sehr arm.

c Die Uniform des Verkäufers war grün.

d Der Manager versprach den Arbeitern mehr Geld./Der Manager hat den Arbeitern mehr Geld versprochen.

e Der Professor erklärte den Studenten das Problem der Erderwärmung./Der Professor hat den Studenten das Problem der Erderwärmung erklärt.

Cases (continued) (page 6)

1

Suggested wording:

Nominative: for the subject of a sentence.

Accusative: for the direct object of a sentence and after some prepositions.

Genitive: to show possession and after some prepositions.

Dative: for the indirect object of a sentence and after some prepositions.

2

a Wir haben ein Schwimmbad hier in der Stadt, aber keine Sporthalle.

b Ich esse jeden Tag einen Apfel, aber keinen Salat.

c Das ist das Haus eines jungen Ehepaars. Sie haben keine Kinder.

d Ich sagte einer Polizistin, dass ich keine Ahnung hatte.

e Er fuhr mit einem Taxi in die Stadt, weil er kein Auto hat.

f Ein Verkäufer hat mir einen Pullover gezeigt.

3

a ihr, einen, b deiner, ihr, c meine, ihre, d seines, e keine, ein, f ihre, ein, g euer, eine, h uns(e)rem, einen

Personal pronouns (page 7)

1

nominative: ich, du, er, wir

nominative and accusative: es, sie, Sie

accusative: ihn, mich, dich

accusative and dative: uns, euch

dative: ihnen, mir, ihr, Ihnen, ihm

2

a 4 Sie gab mir das Buch.

b 1 Wir haben ihm 100 Euro geliehen.

c 2 Sie sagte es uns zuerst.

d 5 Du hast ihnen die Geschichte erzählt.

e 3 Sie sahen ihn.

3

Wir haben Thomas und Anna gesehen. Er war mit ihr im Kino. Sie hatten den neuen Bond-Film gesehen, aber er ist nicht sehr gut. Sie haben ihn langweilig gefunden. Anna wollte den letzten Bus nehmen, aber sie hat ihn verpasst. Sie brauchte Geld für ein Taxi und wir haben es ihr geliehen. Wir haben uns von ihnen verabschiedet.

Adjective endings (page 8)

1

Not adjectives: schaden, schien, leider

2

a alten, kleinen

b junge, neuen

c englische, schnell

d tollen, großen

e technischen, kompliziert

f kleinen, traditionelle

3

a -en, b -e, c -en, d -er, e -en, -e, f -e, -en

Adjective endings (continued) (page 9)

4

a Alte Zeiten sind gute Zeiten. (The old times are the best.)

b Aller Anfang ist schwer. (Beginnings are always hard.)

c Andere Länder haben andere Sitten. (Other countries, other customs./Every nation has its own ways of behaving.)

d Lügen haben kurze Beine. (Lies have short legs./The truth will out.)

e Bellende Hunde beißen nicht. (Barking dogs don't bite./His bark is worse than his bite.)

5

a große, geeigneten

b neue, toll

c ideale, erfahren, gute

d deutsche, interessante

e Lederne, teuer

f Illegale, gefährlich, junge

g älterer, rotes

h kleinen, schwarzen

i neues

j moderne, neuen

k französisches

l große, beste

Demonstrative and interrogative adjectives (page 10)

1

a jenes, b jenem, c Jede, d dieses, e dieses, f Diesen

2

a Welches, b Welche, c ✓, d Welchen, e ✓, f Welche

3

a diese, b Welches, c Jede, d jener, e diesem, f welchen, g Jedes, h Jene, i Dieses, j jener

The present tense: regular verbs (page 11)

1

erfinden, stehlen, zwingen

2

a Sie verstehen
b die Regierung zahlt
c der Computer funktioniert
d meine Eltern frühstücken
e die Studenten forschen
f ihr wartet
g mein Bruder lächelt
h sie spielt Fußball

3

	sich amüsieren	sich beeilen
	to amuse/enjoy oneself	*to hurry*
ich	amüsiere mich	beeile mich
du	amüsierst dich	beeilst dich
er	amüsiert sich	beeilt sich
wir	amüsieren uns	beeilen uns
ihr	amüsiert euch	beeilt euch
Sie	amüsieren sich	beeilen sich

4

a Meine Schwester und ich fragen uns, ob sich das lohnt.
b Er kämmt sich ständig die Haare.
c Jedes Jahr ändern sich die Arbeitsbedingungen.
d Interessierst du dich für Politik?

The present tense: irregular verbs (page 12)

1

	helfen	schlafen	essen
ich	helfe	schlafe	esse
du	hilfst	schläfst	isst
er	hilft	schläft	isst
wir	helfen	schlafen	essen
ihr	helft	schlaft	esst
Sie	helfen	schlafen	essen

2

a esst, b spricht, c trifft, d empfiehlt, e schläfst, f wisst, g gibt, h hat

3

a wird, b haben, c seid/werdet, d ist, e wirst/bist, f habt, g sind, h haben, i werde

Modal verbs (page 13)

1a

a we want, b you can/are able to, c you shall/are to, d must you?/ do you have to?, e she's allowed to/she may, f we like

1b

Any three of these suggested answers:
They are irregular (in their singular forms).
They can be used with an infinitive, which goes at the end of the sentence.
Their *ich* and *er/sie/es/man* forms are the same in the present tense, and have no umlaut.
In the perfect/pluperfect tense, after the infinitive of another verb, the modal verb is in the infinitive and not its past participle form.

2

a Darfst du mit ins Kino gehen?
b Ihr müsst jeden Tag um sechs Uhr aufstehen.
c Mein Freund will nächstes Jahr die Schule verlassen.
d Wir können es in zwei Tagen schaffen.
e Hier darf man nicht rauchen.
f Sie sollen uns damit helfen.

g Ich mag nicht Fußball sehen.
h Die Leiterin des Unternehmens soll sehr reich sein.
i Man sollte immer die Wahrheit sagen.
j Die Arbeiter müssen pünktlich um neun anfangen.

3

a Die Studenten wollen gegen die Kernkraft protestieren.
b Sie müssen das Problem nicht sofort lösen.
c Politiker müssen fleißig sein und vernünftig handeln.
d Wir sollten alles versuchen, um die Umwelt zu retten.
e Achtzehnjährige dürfen Alkohol trinken, aber sie dürfen ihn nicht in der Schule trinken.
f Wir möchten mehr Solarenergie in unserer Fabrik verwenden.

Separable verbs (page 14)

1

herausfinden, losfahren, teilnehmen, weiterstudieren, abräumen, aufmachen

2

a On Saturday we're taking part in the demonstration against nuclear power.
b He's hoping to study further at the University of Jena.
c I find the new measures effective, because they're bringing down unemployment.
d Please clear away these papers!
e As soon as he arrived, we set off.

3

a Mein Bruder räumt nie sein Schlafzimmer auf.
b Thomas macht am Samstag Fitnesstraining: Machst du mit?
c Mach bitte die Tür zu!
d Es war schwierig, den verletzten Skifahrer von der Piste herunterzubringen.
e Der Dozent stellt sich jeder neuen Klasse vor.
f Ich weiß, dass ich abends zu viel fernsehe.
g Mach dir keine Sorgen, wir zahlen das Geld bald zurück.
h Es ist kompliziert, neue Technologien einzuführen.
i Wir müssen die Kinder um fünf Uhr von der Schule abholen.
j Hier in der Fabrik stellt man Fernsehgeräte her.

The perfect tense (page 15)

1

wir haben es gemacht
man hat nichts gesagt
sie haben hier gewohnt
ich habe nie geraucht

2

a Wir haben einen Werbespot im Fernsehen gemacht.
b Die Firma hat viele Produkte verkauft.
c Die Studenten haben eine Demonstration organisiert.
d Hast du an der Konferenz teilgenommen?

3

a Ich habe nie geraucht.
b Du hast nichts gesagt.
c Meine Kollegin hat das Taxi bezahlt.
d Die Regierung hat Geld verschwendet.
e Die Arbeiter haben gegen die langen Stunden demonstriert.
f Meine Freundin und ich haben energiesparende Maßnahmen eingeführt.
g Man hat die Alarmanlage repariert.
h Haben Sie ein neues Auto gekauft?
i Es hat zwei Wochen lang geregnet.
j Ihr habt die Ferienwohnung reserviert.

The perfect tense (continued) (page 16)

1a

gefunden, gesungen, geschlossen, geholfen, gezogen, gelesen, gegeben, getrieben, geschienen, gebracht, gewusst

1b Students' own answers.

2

a 6 Wir sind mit der Straßenbahn in die Stadt gefahren.
b 3 Hast du meine Brille gesehen?
c 7 Letztes Wochenende seid ihr zur Buchmesse in Frankfurt geflogen.
d 4 Ich habe seine Worte gar nicht verstanden.
e 2 Er hat meiner Freundin illegale Drogen angeboten.
f 5 Die Einwohner des Dorfes sind böse geworden.
g 1 Die Freiwilligen sind ein Jahr in Afrika geblieben.
h 8 Haben Sie den Bericht geschrieben?

3

a Ich habe zum Thema Umweltschutz einen Artikel beigetragen.
b Meine Arbeitskollegin ist nach der Arbeit in die Volkshochschule gegangen.
c Leider hat meine Schwester ihre Kreditkarte verloren.
d Herr Stickler ist mit dem Zug gefahren. Er ist in Graz umgestiegen.
e Lena und ich haben die Flaschen zum Container gebracht, aber wir haben die Plastiktüten nicht mitgenommen.

The imperfect tense (page 17)

1

a verdientest, **b** organisierte, **c** kaufte, **d** heirateten, **e** löste, **f** wohnte

2

a Dieses Thema führte oft zu Auseinandersetzungen.
b Leider diskriminierte man die Einwandererfamilien in dieser Hinsicht.
c Diese Maßnahmen kosteten eine riesige Summe.
d Wovon träumtest du?
e Wir bauten uns ein neues Leben hier in Deutschland auf.
f Sie lernten Ihre Kollegen kennen.
g Wir führten diese Transplantationstechnologie ein.
h Ihr kauftet das Gemüse frisch vom Markt.

3

a Es war heiß im Supermarkt.
b Sie hatte wenig Glück in ihrer Karriere.
c Es gab ein Schwimmbad im Hotel.
d Ich musste die Wohnung aufräumen.
e Ich wollte die Schwierigkeiten damit besser verstehen.
f Ich konnte das Buch nicht herunterladen.

The future tense and the conditional (page 18)

1

a werden verstehen
b wird organisieren
c wirst brauchen
d werden verpassen
e werdet reisen
f werden entdecken

2

a Andreas und ich werden später Maschinenbau an der Uni studieren.
Andreas and I will study engineering at university later.
b Wirst du zur Party bei Helena kommen?
Will you be coming/Will you come to Helena's party?
c Man wird die Luft mit Autoabgasen verschmutzen.
We're going to pollute the air with exhaust fumes.
d Ich würde um die Welt reisen.
I would travel round the world.
e Wir würden gegen die Atomkraft protestieren.
We would protest against atomic power.
f Mein Bruder würde einen Porsche kaufen und ihn sehr schnell fahren.
My brother would buy a Porsche and drive it very fast.

3

Students' own answers.

Qualifiers and particles (page 19)

1a and 1b

a Der Bericht ist (ja) wenig relevant.
b Er muss (doch) sehr überrascht sein!
c Deine Entscheidung ist (eben) recht enttäuschend.
d Wir verstehen kaum, wie man das so macht.
e Es wäre besonders interessant, (mal) Ihre Meinung zu hören.

2a

a Sie sind kaum zu Hause.
b Englisch ist eine besonders schwierige Sprache.
c Das Buch ist nicht sehr interessant.
d Das ist sehr enttäuschend.
e Seine Entscheidung ist kaum überraschend.

2b

Students' own answers.

3

Students' own answers.

Conjunctions (page 20)

1

Not conjunctions: hat, war, schlank, mal

2

a Ich muss warten, bis wir die Ergebnisse bekommen.
b Der Versuch war erfolgreich, aber die Kosten waren zu hoch.
c Wir haben Geld gespendet, weil wir Kindern in der Dritten Welt helfen wollten.
d Ich war nicht böse, sondern ich war enttäuscht.
e Er kaufte die Sportkleidung, damit er fitter werden konnte.
f Damit wir mehr verdienen können, arbeiten wir länger.

3

a Es ist schwierig für die Obdachlosen, weil es nachts besonders kalt ist.
b Vor zwei Jahren habe ich die Schule verlassen, damit ich einen Job finden konnte.
c Das Projekt war erfolgreich, obwohl der Manager dagegen gewesen war.
d Er fährt nicht mit dem Zug, sondern er fliegt nach Paris.
e Die Fabrik wurde geschlossen, während wir Urlaub genommen haben.
f Ich habe mich beschwert, da das Hotelzimmer zu klein und dunkel war.
g Das Wetter war schrecklich, als er in der Stadt angekommen ist.
h Die Arbeitsbedingungen waren schlecht, bis wir dagegen protestiert haben.

The infinitive with zu (page 21)

1

a Ich hoffe, Deutsch an der Universität zu studieren.
b Er hat uns gebeten, alte Kleidung zu recyceln.
c Wir haben vor, nach Australien auszuwandern.
d Ihr wurde empfohlen, weniger Alkohol zu trinken.
e Meine Chefin hat beschlossen, neue Computer für das Büro zu kaufen.
f Man hat ihm befohlen, das Geld zurückzuzahlen.

2

a Es war unmöglich, ihr Leben zu retten.
b Es war sehr schwierig mit so wenigen Ressourcen zurechtzukommen.
(For c–e, also acceptable to start with the infinitive clause, followed by comma then main verb.)
c Er arbeitet stundenlang, ohne eine Pause zu machen.
d Wir sind in die Stadt gefahren, anstatt Lebensmittel hier zu kaufen.
e Der Minister schreibt einen Bericht, um seine Partei zu beruhigen.

3

a Ich habe einen Computer gekauft, um zu Hause zu arbeiten.
b Ohne eine Fahrkarte zu kaufen, darf man nicht mit der Straßenbahn fahren.

c Er hat eine Stelle in London gefunden, anstatt hier in Hamburg zu bleiben.

d Wir recyceln Plastiktüten, um Geld zu sparen.

Topic 1

Fixed case prepositions: accusative, genitive (page 22)

1

a die, **b** die, **c** die, **d** das, **e** die, **f** meinen, **g** nächsten

around the garden, for the integration of foreigners, without my father, along the street, through the building, against atomic power, until next summer

2

a während der, **b** (an)statt der, **c** wegen des, **d** innerhalb der, **e** trotz des, **f** außerhalb der

3a and 3b

a Wir wohnen <u>außerhalb</u> der Stadt. G (*We live outside the town.*)

b Er bleibt <u>wegen</u> seiner Krankheit zu Hause. G (*He's staying at home because of his illness.*)

c <u>Ohne</u> unseren Lehrer können wir nichts machen. A (*Without our teacher we can't do anything.*)

d Gehen Sie bitte <u>durch</u> diese Tür! A (*Please go through this door!*)

e <u>Trotz</u> des Problems war es sehr interessant. G (*In spite of the problem, it was very interesting.*)

f Ich bin total <u>gegen</u> das neue Gesetz. A (*I'm totally against the new law.*)

Fixed case prepositions: dative (page 23)

1

a aus der, **b** mit dem, **c** von meiner, **d** außer meiner, **e** dem Kino gegenüber, **f** seit einer, **g** zu meiner, **h** dem Hund entgegen, **i** bei meinem, **j** nach dem

2

a zum, **b** vom, **c** zur, **d** beim, **e** zur, **f** beim

3

a bei mir, **b** nach uns, **c** mir entgegen, **d** bei euch, **e** mit ihr, **f** außer ihm

Dual case prepositions (page 24)

1

a der, **b** dem, **c** dem, **d** den, **e** dem/am, **f** einem

2

a Ich gehe in die Fabrik.

b Ich gehe neben den Markt.

c Ich gehe hinter das Rathaus.

d Ich gehe zwischen die Bäume.

e Ich gehe ans Meer.

f Ich gehe in ein Café.

3

a auf den A, **b** in einem D, **c** über die A, **d** vor der D, **e** am D, **f** in den A, **g** auf das A, **h** ins A

4

Accusativ: für, durch, ohne, durch, gegen, bis, entlang

Dativ: aus, von, seit, bei, nach, zu, gegenüber, außer

Accusativ oder dativ: neben, über, unter, in, hinter, an, auf, vor, zwischen

Adjective endings (page 25)

1

a neuen, **b** bekannter, **c** großes, **d** Arme, viele, **e** interessanten, **f** medizinische

2

a letzte, **b** schmutzige, **c** verarmten, **d** verschiedene, **e** meisten, **f** eigenes, **g** älteren, **h** besten, **i** rassistischen, **j** viele, deutsche, **k** neuen, **l** alten

3

a In Charlottenburg gibt es ein <u>von Historikern bewundertes</u> Schloss.

b Im Bahnhofsviertel können Obdachlose in einer <u>von Freiwilligen organisierten</u> Suppenküche warmes Essen bekommen.

c Das <u>übrig gebliebene</u> Geld haben wir der Bahnhofsmission gespendet.

d Die <u>seit Jahren ausgebeuteten</u> Arbeiter haben endlich gestreikt.

e Der <u>immer lauter werdende</u> Schrei hat uns erschreckt.

Comparative and superlative adjectives and adverbs (page 26)

1

Adjektiv: braun, gelb

Adverb: gestern, gern, glücklicherweise

Adjektiv + Adverb: schnell, früh, arm, gesund, traurig, hoch, gefährlich

2

a größer, **b** gefährlicher, **c** öfter, **d** billigere, **e** mehr, **f** älter, **g** länger, **h** langsamer

3

a Er arbeitet am schnellsten.

b Sie ist die erfahrenste Sozialarbeiterin.

c Die Kernkraft ist die gefährlichste Energiequelle.

d Dieser Junge aus Polen ist der jüngste in der Klasse.

e Abends singt sie am besten.

f Sie essen immer am langsamsten.

g Wir finden diese Therapien am besorgniserregendsten.

h Diese Erbebnisse sind die höchsten, die wir gehabt haben.

4

Students' own answers.

Interrogative and demonstrative adjectives (page 27)

1

a 4, **b** 1, **c** 3, **d** 2, **e** 5, **f** 7

2

a Welche, **b** welchem, **c** welchen, **d** Welcher, **e** welcher, **f** welches, **g** Welcher, **h** welchem

3

a Dieses, **b** jedem, **c** Jene, **d** Welche, **e** Dieser, jenes

Interrogative pronouns and adverbs (page 28)

1

a Wen, **b** Was für, **c** Wessen, **d** Wem, **e** Wer, **f** Was für, **g** wem, **h** Wen

2

a (warten auf) Worauf

b (sich entscheiden für) Wofür

c (glauben an) Woran

d (sich freuen über) Worüber

e (helfen mit) Womit

f (fragen nach) Wonach

3

a Wen hast du dieses Wochenende gesehen?

b Wofür sparst du?

c Was für einen Hund hast du?

d Wessen Jacke ist das?

e Worum geht es in dem Film?

f Wem schreibst du?

Pronouns (page 29)

1

Nom.	Akk.	Dat.
ich	mich	mir
du	dich	dir
er	ihn	ihm
sie	sie	ihr
es	es	ihm
wir	uns	uns
ihr	euch	euch
Sie	Sie	Ihnen
sie	sie	ihnen

2
a Wir, b es, c wir, d ihm, e ihn, f sie, g ihm, h Er, i ihnen, j sie

3
a Er ändert sich.
b Wir stellen uns vor.
c Du kämmst dir die Haare.
d Sie beeilen sich.

Relative pronouns (page 30)

1
a die, b den, c der, d dem, e deren, f die, g dessen, h dem

2a
a die, 4, b die 8, c dem 3, d das 5, e den 1, f deren 2, g dem 7, h die 6

2b
a The wind energy that we produce here is very clean.
b There are not many politicians, who get involved with environmental protection.
c I like the eco-village you live in.
d Pollution is a problem that we cannot solve.
e The television that we bought saves energy.
f My mother, whose car is very old, prefers going by bike.
g The rubbish I told you about was terrible.
h The new forms of energy we've introduced are much better.

Relative pronouns (continued) (page 31)

1
a Hier ist der Computer, von dem ich gesprochen habe.
b Der Lehrer, der diese Experimente macht, heißt Herr Heumann.
c Es gibt neue Technologien, deren Wirkungen noch nicht klar sind.
d Die Forschung, die wir finanzieren, ist sehr wichtig.
e Der Stoff, aus dem diese Tasche gemacht wurde, kostet viel Geld.

2
Students' own answers.

3
Suggested wording:
a Die Forschung, die wir betreiben, ist sehr teuer.
b Wir recyceln Papier und Glas, was ihr gefällt.
c Wir haben nichts gesehen, was ich enttäuschend fand.
d Die Studenten, die dieses Fach studiert haben, haben alle eine Stelle gefunden.
e Die Solarenergie ist die Technologie, die wir nächste Woche diskutieren werden.

Mixed practice (page 32)

1
a neue, b ökologischen, c sinnlos, d verschiedene, e größten, f radioaktiven, g weiteren, h welche, i letzter, j jenes

2
a das, b die, c dem, d dessen, e den, f denen

3
a trotz, b im, c von, d ohne, e ins

Mixed practice (page 33)

4a
a 1, 5, 9
b 3, 6, 10, 12, 13, 14
c 2, 4, 7, 8, 11

4b
1 der, 2 -e, 3 den, 4 -en, 5 die, 6 die, 7 -e, 8 -e, 9 was, 10 den, 11 -e, 12 den, 13 einer, 14 einem/dem/im

4c
1 nominative, 2 accusative, 3 dative, 4 dative, 5 nominative, 6 accusative, 7 accusative, 8 accusative, 9 relative pronoun (for whole clause), 10 dative, 11 accusative, 12 accusative, 13 genitive, 14 dative

Test yourself (page 34)

1a
Nach der Debatte über die Kernkraft wird die Energieversorgung öfter aus erneuerbaren Formen bestehen. In den kommenden zehn Jahren will Deutschland Solaranlagen mit einer höheren Kapazität installieren.

Der größte Nachteil daran ist, dass wir immer noch Kohlekraftwerke brauchen für die Zeiten, wo die Sonne nicht scheint.

1b
Suggested translation (other wording is possible):
After the debate about nuclear power, energy provision will more often consist of renewable forms. In the coming ten years, Germany wants to install solar plants with a higher capacity.

The biggest disadvantage of that is that we still need coal-fired power stations, for the times when the sun isn't shining.

2
a Was, billiger, b Wozu, teurere, c Welche, sicherer, d Womit, bessere, e Wen, größten

Test yourself (page 35)

3
a durch, für, b von, aus, c in, d steigende, e ständige, f kleiner, gefährlicher, g dieser, h der, i es, er, j ihn

4
a Es gibt Schäden für die Tierwelt, die durch Schadstoffe in der Luft verursacht werden.
b Die gefährliche Umweltverschmutzung, die wir verursachen, wird schlimmer.
c Je größer dieses Problem wird, desto gefährlicher ist es für die Umwelt.
d Wenn Müll von einem Fluss ins Meer gespült wird, fressen ihn Tiere.

Topic 2
The imperfect tense (page 36)

1
a gehen, b fahren, c sein, d werden, e nehmen, f greifen, g lesen, h essen, i stehlen, j wachsen

2
a warfen, b traf, c fanden, d half, e wart, f trat

3
a Mochtest, b sollten, c wollte, d konnte, e mussten, f durften

4
Students' own answers.

The perfect tense: strong (irregular) verbs (page 37)

1

haben + Partizip: gedacht, getan, geworfen, gestritten, gewusst, gesprochen, gehabt
sein + Partizip: gewesen, geflogen, gefallen, geworden

2

a ist geblieben, 6
b haben gefunden, 1
c haben getroffen, 8
d ist gestiegen, 2
e hat gelassen, 7
f haben gestritten, 4
g bin geworden, 5
h haben gefangen, 3

3

a Er hat bei der Arbeit geholfen.
b Gestern hat das Büro um Mittag geschlossen.
c Im Gefängnis haben sie eine Uniform getragen.
d Ich habe den Ball für meinen Hund geworfen.
e Die Probleme mit dem Geld sind größer geworden.

The perfect tense: prefixes and modal verbs (page 38)

1a

verlieren, verschwinden, vermeiden, erziehen, bekommen, empfehlen

1b

Vor fünf Jahren hat mein Mann seine Stelle <u>verloren</u> und wir <u>haben</u> die Kinder ohne viel Geld <u>erzogen</u>. Wir <u>haben</u> keine Hilfe vom Staat <u>bekommen</u>. Glücklicherweise <u>haben</u> wir schwere Probleme <u>vermieden</u>. Eine Nachbarin <u>hat</u> uns einen billigen Supermarkt <u>empfohlen</u>. Dieses Jahr hat mein Mann endlich wieder eine gute Stelle gefunden und jetzt fühle ich, dass unsere Probleme <u>verschwunden sind</u>.

2a

a aufgewachsen, b aufgehört, c festgenommen, d eingewandert, e ausgegeben

2b

Students' own answers (NB *ausgewandert* takes *sein*).

3

a Wir haben früh anfangen dürfen.
b Am liebsten habe ich Fußball gemocht.
c Die Teilnehmer haben aktiv protestieren wollen.
d Die Behörden haben viel Geld bezahlen müssen.
e Wir haben es wirklich gewollt.

The passive (page 39)

1

a The <u>second</u> sentence places more emphasis on the dog.
b In the first sentence the dog is the <u>direct object</u>, and in the second it is the <u>subject</u>.
c Here, *von* means <u>by</u>. It triggers the <u>dative</u>.
d Here, *wird* means <u>is</u>. Use it with a <u>past participle</u> to make the passive.

2a

a wird geholfen, b werden gerettet, c wird bedroht, d werde bezahlt, e wird durchgeführt, f Wirst gefahren, g werden bekämpft, h Werdet eingeladen

2b

a Poor people in East Africa are helped by the Red Cross.
b Through medical developments, many lives are saved.
c Our health is threatened by air pollution.
d As far as I know, I'm not being paid for this work.
e The project is being carried out in many schools.
f Are you being driven by Olaf this evening?
g All forms of discrimination are fought here.
h Are you sometimes invited in by the neighbours?

The passive: other tenses (page 40)

1a and 1b

a F Our new product will be sold from next year.
b I The immigrants from Russia were quickly accepted.
c PP These new technologies had been researched by many firms.
d P The best applicant for this job has been/was chosen.
e I My achievements were never recognised by my family.
f P The new law was/has been introduced by the government.
g I Solar energy was already produced many years ago.
h F His living conditions will be improved by these measures.

2

a Dieses Theaterstück wird gesehen werden.
b Die beiden Autos waren verkauft worden.
c Die neue Fabrik ist gebaut worden.
d Die Arbeitsbedingungen werden von den Arbeitgebern verbessert werden.
e Das Buch wurde von meinem Vater geschrieben/ist von meinem Vater geschrieben worden.

3

a Man hatte es schon verkauft.
b Man wird diese Forschung im nächsten Monat finanzieren.
c Man hat die ausländischen Arbeiter zu gering bezahlt.
d Man wird die Luftqualität verbessern.
e Man machte jeden Tag die Hausarbeit.
f Man hat die Wasserversorgung organisiert.

More on the passive (page 41)

1a

a schenken, b helfen, c danken, d geben, e anbieten, f gratulieren

1b

suggested answers: erklären (*to explain*), leihen (*to lend*), sagen (*to say*), schreiben (*to write*), vorschlagen (*to suggest*), zeigen (*to show*)

2

a 2, b 4, c 1, d 3, e 6, f 5

3

a Das Fahrrad darf hier gelassen werden.
b Der Rassismus muss bekämpft werden.
c Die Windenergie sollte gefördert werden.
d Letztes Jahr wurde es ohne Probleme akzeptiert.
e Leider wird es bis nächste Woche aufgehalten werden.

4

Students' own answers and wording.

Impersonal verbs (page 42)

1

a geht, b ist, c hat, d macht, e tut, f handelt, g fällt, h gibt

2

a Es lohnt sich, Geld zu sparen.
b Es geht um das Problem der Integration.
c Es kommt auf die Kosten an.
d Gefällt es dir, am Computer zu spielen?
e Es freut mich, dass wir gewonnen haben.
f Es fällt ihm schwer, die Aktion zu organisieren.
g Es fehlt ihr an Arbeit, seitdem sie hier wohnt.
h Es ist mir gelungen, meinen Führerschein zu bekommen.

3

a Es gefällt mir, dass das Essen hier billig ist.
b Es fehlt ihm noch Geld.
c Es kommt darauf an, ob wir das Auto kaufen.
d Mir ist es egal, ob wir nach Frankreich oder nach Spanien fahren.
e Es freut mich, dass meine Mutter kommt.
f Es geht um einen Asylbewerber und seine Familie.

The pluperfect tense (page 43)

1

a Der Asylbewerber <u>war</u> sehr geduldig gewesen.
b Man <u>hatte</u> Alternativen zum Gefängnis vorgeschlagen.

c Die Sonnenenergie hatte vorher viel Geld <u>gekostet</u>.

d Der Politiker <u>hatte</u> dagegen gesprochen.

2

a hatte angegriffen, sah

b hatte gesucht, kam

c hatten gewohnt, fand

d hatte gemacht, konnten

e hatte benutzt, durfte

f waren, angekommen waren

g geschrieben hatte, war

h hatte gegeben, wurde

3

a Es hatte ein Problem mit der Arbeitslosigkeit gegeben.

b Ich hatte die Idee schon gehabt, als ich zur Uni ging.

c Vorher waren sie sehr selten gewesen, aber später sah man sie öfter.

d Nachdem sie nach Berlin gefahren war, fand sie eine Wohnung.

The future tense (page 44)

1

ich werde, du wirst, er/sie/es/man wird, wir werden, ihr werdet, Sie/sie werden

2

a wird, sehen, **b** werden, schwimmen, **c** werdet, fliegen, **d** werden, sprechen

3

a Im Januar werden sie nach Berlin fahren.

b Nächsten Monat wird sie endlich Geld verdienen.

c Nächstes Jahr werde ich an diesem Projekt teilnehmen.

d Im Sommer wirst du/werden Sie ein neues Auto kaufen dürfen.

e In zwei Jahren wird die Produktion von Kernenergie hier anfangen.

f Wahrscheinlich wird er das nie verstehen./Er wird das wahrscheinlich nie verstehen.

4

Students' own answers.

Using different tenses (page 45)

1

a Vorher hatten wir an der Demo teilgenommen. Pluperfect.

b Eines Tages werden wir von erneuerbaren Energieformen abhängig sein. Future.

c Die Behörden haben uns bestraft. Perfect.

d Die globale Erwärmung wird durch die steigende Emission von Treibhausgasen verursacht. Present (passive)

2

Students' own answers.

3

a baut auf, **b** wohnt, **c** diskriminiert, **d** aufhörte

4

a Die Immigranten werden in Wohnungen in der Stadtmitte wohnen.

b Wir aßen zusammen, nachdem wir angekommen waren.

c Die Fabrik wurde in zwei Monaten gebaut.

d Wir werden Solarkraft produzieren müssen.

Mixed practice (page 46)

1a

a mitteilen, **b** diskriminieren, **c** überfallen, **d** werden, **e** reichen, **f** (sich) verbreiten, **g** liegen, **h** sein

1b

a Sie <u>haben</u> uns ihre Entscheidung <u>mitgeteilt</u>.

b Man <u>diskriminierte</u> die älteren Leute in der Gesellschaft.

c Man <u>hat sie hier</u> in der Hauptstraße <u>überfallen</u>.

d Er <u>ist</u> Pfarrer <u>geworden</u>.

e Das Geld hatte✓ ihm leider nicht gereicht✓.

f Die Fremdenfeindlichkeit hatte✓ sich schon vor Jahren in dieser Stadt verbreitet✓.

g Es <u>lag</u> an der hohen Zahl der Arbeitslosen.

h Olaf war✓ in den letzten Tagen krank gewesen✓.

2

a Es <u>wird</u> mir an Platz <u>fehlen</u>.

b Es <u>geht</u> um mein Heimatland.

c Es <u>ist</u> ihm schwer <u>gefallen</u>, Arbeit zu bekommen.

d Es <u>war</u> mir egal, ob ich das machte oder nicht.

e Es <u>hatte</u> ihm gut <u>gefallen</u>.

f Es <u>ist</u> ihr <u>gelungen</u>, die Prüfung zu bestehen.

g Es <u>wird</u> Spaß <u>machen</u>, dahin zu fahren.

h Es <u>fiel</u> uns leicht, Geld zu verdienen.

3

a wird, **b** wurde, **c** werden, **d** werden, **e** worden, **f** worden, **g** wurde, **h** wird, werden

Mixed practice (page 47)

4

Ich <u>bin</u> in Niedersachsen <u>aufgewachsen</u>, aber meine Eltern <u>sind</u> vor 25 Jahren nach Deutschland <u>gekommen</u>, weil mein Vater seine Arbeitsstelle in Polen <u>verloren hatte</u>. Es <u>hat</u> schwierige Zeiten für sie <u>gegeben</u> und sie <u>sind</u> nicht sofort hier <u>akzeptiert worden</u>, aber dann <u>ist</u> alles besser <u>geworden</u> und sie <u>haben sich</u> zu Hause <u>gefühlt</u>. Ich <u>studiere</u> hier.

verb in text	tense	German infinitive	English meaning
bin aufgewachsen	perfect	aufwachsen	to grow up
sind gekommen	perfect	kommen	to come
verloren hatte	pluperfect	verlieren	to lose
hat gegeben	perfect	geben	to give
sind akzeptiert worden	perfect passive	akzeptieren	to accept
ist geworden	perfect	werden	to become
haben sich gefühlt	perfect	sich fühlen	to feel
studiere	present	studieren	to study

5

a Ich wuchs in München auf.

b Meine Eltern kamen vor 20 Jahren nach Deutschland.

c Sie wurden nicht sofort von der Gemeinschaft akzeptiert.

d Meine Mutter verlor letztes Jahr ihre Arbeitsstelle.

e Es gab schwierige Zeiten für uns alle.

Test yourself (page 48)

1

Damals: **a** brauchte, **b** hat geholt, **c** haben angefangen, **d** lernten, begannen, **e** konnte bekommen

Jetzt: **f** wird geben, **g** teilgenommen hatte, hat verloren, **h** führt, **i** wird schreiben, **j** hofft, verbessern wird

2

a hat, gefällt, **b** habe, vermisst, **c** weiß, werde, **d** ist, sein, **e** erwartet hatte, **f** wurde, behandelt, **g** kann, leisten, **h** gesucht, gefunden

Test yourself (page 49)

3

a er hat getrieben, **b** wir wurden, **c** es wurde gemacht, **d** sie passt sich an, **e** sie gaben auf, **f** es wird verursacht, **g** du engagierst dich, **h** ihr habt verstanden, **i** ich hatte angeboten, **j** wir werden anerkennen, **k** sie haben sich bewährt, **l** sie wurde benachteiligt

4

We will have to engage better with the immigrants, if we want to help them.

We have already offered them financial help, but otherwise they have been disadvantaged.

The causes of their problems were misunderstood and it must be recognised that they have particular needs.

5

a Das Opfer hat das Problem verstanden/verstand das Problem.

b Er hat seine Englischstunden aufgeben müssen.

c Es wird oft anerkannt, dass Einwanderer von der Gesellschaft benachteiligt werden.

d Wir hatten ihm die Gelegenheit geboten.

e Diese Maßnahmen werden mehr Armut verursachen.

Topic 3
Verb moods: indicative, subjunctive, imperative (page 50)

1

indicative: hat, ist, wird, gibst, sind, konnte, sieht, schreibt

subjunctive: hätte, wären, gäbe, könntest, würdet, kämen

imperative: zeig, fahr, komm, nimm, schreibt

2

Tick: a, c, d, f

3

8 things: come in, hurry up, sit down, be quiet, take off your jacket, don't write text messages, listen, do your work

The conditional (page 51)

1

a Meine Kollegen würden lieber nicht nachts arbeiten.

b Seine Schwester würde eine Firma gründen.

c Der Schulleiter würde es nicht empfehlen.

d Ihr würdet gern nach Australien reisen.

e Die Regierung würde es nie erlauben.

2

a geben, b haben, c sollen, d machen, e müssen, f kommen, g spielen, h können

3a

For regular (weak) verbs, the imperfect subjunctive looks exactly like the imperfect indicative. For irregular (strong) verbs, add these endings to their usual third person imperfect form: -e, -est, -e, -et, -en. If the vowel of the stem is a/o/u, an umlaut is usually added.

3b

a ich wohnte, b wir sähen, c er wäre, d es gäbe

4

a 3 Wir würden einen Porsche kaufen, wenn wir reich wären.

b 6 Ich würde dir helfen, wenn ich mehr Zeit hätte.

c 1 Wir würden/könnten mehr Leben retten, wenn es sauberes Wasser gäbe.

d 2 Wenn Sie erst um drei Uhr (an)kämen, würden Sie das Mittagessen verpassen.

e 5 Die Solarenergie wäre billiger, wenn wir mehr davon produzieren würden/könnten.

f 4 Wenn mein Chef großzügiger wäre, würde er mir mehr bezahlen.

The conditional perfect (page 52)

1

a Ich hätte das nicht richtig gefunden,

b Die zwei Drogensüchtigen hätten das Geld gestohlen,

c Meine Eltern wären stolz gewesen,

d Hättet ihr mehr Aktien gekauft,

e Ein karitativer Verein hätte sich um ihn gekümmert,

f Die Computerexpertin hätte das Programm früher entwickelt,

g Er hätte sein Studium nicht abgebrochen,

h Das Opfer wäre gestorben,

2

1e wenn er um Hilfe gebeten hätte.

2d wenn ihr reicher gewesen wärt?

3f wenn sie die technischen Probleme gelöst hätte.

4b wenn der Wachmann sie nicht gesehen hätte.

5h wenn wir nicht gekommen wären.

6c wenn ich Rechtsanwalt geworden wäre.

7a wenn man ihm keine Strafe gegeben hätte.

8g wenn er die Unterstützung seiner Familie gehabt hätte.

3

a wenn ich nicht zu spät gekommen wäre.

b wenn es weniger gekostet hätte.

c wenn sie sich besser vorbereitet hätte.

d wenn sie uns kein Mittagessen gegeben hätten.

e wenn er Zeit gehabt hätte.

f wenn ich das Buch gelesen hätte.

Subordinating conjunctions (page 53)

1

Subordinating conjunctions send the verb to the end of the clause. There is normally a comma before the conjunction. Examples of subordinating conjunctions are: weil, wenn, dass, bis, da, nachdem, bevor, obwohl, sobald, während (or other examples) .

2a

a Ich sehe ihn sehr oft, seitdem ich hier wohne.

b Er ist sehr fleißig, seitdem er an der Forschung teilnimmt.

c Sie hat immer Stress, seitdem sie die neue Arbeitsstelle hat.

2b

a Seitdem ich hier wohne, sehe ich ihn sehr oft.

b Seitdem er an der Forschung teilnimmt, ist er sehr fleißig.

c Seitdem sie die neue Stelle hat, hat sie immer Stress.

3

a3 hätten. b1 sei, c4 glaubten, d2 könnte

4

Students' own answers.

Indirect speech (page 54)

1

machst, holt

2

a spräche, b müsse, c arbeite, d koste, e verlangten

3

[Any suitable verb for 'think']

a Markus sagt, er bereite jetzt seinen Vortrag für die Konferenz vor.

b Anja sagt, es koste zu viel Geld.

c Yuri denkt, er könne das nicht schaffen.

d Fatima denkt, sie wolle später Physik studieren.

Indirect speech (continued) (page 55)

1

a Die Forscher behaupten, dass es möglich sei.

b Meine Chefin meint, es koste zu viel Geld.

c Sie sagen, dass er nicht genug Zeit dafür habe.

d Die Studenten fragen, warum es so viel Arbeit gebe.

e Er glaubt, die Arbeitsbedingungen seien ungerecht.

2

a Ihr Arbeitgeber sagte, Katja habe gut gearbeitet.

b Das Opfer meint, die Strafe sei nicht hart genug gewesen.

c Sie fragte, wie du diesem Teufelskreis entkommen seist.

d Er dachte, dass ich zu viel bezahlt hätte.

e Sie haben gefragt, ob wir schon gegessen hätten.

3

Suggested wording:

Sie sagt, sie habe das Handy nicht gestohlen. Sie behauptet, an dem Nachmittag sei sie gar nicht in der Stadtmitte gewesen. Sie sei alleine zu Hause geblieben. Sie habe bei ihrem Vater zu Mittag gegessen, und dann sei sie müde gewesen. Sie glaube, dass sie diese Dame nie in ihrem Leben gesehen habe.

Word order to give emphasis (page 56)

1
Suggested answers:
main verb is second idea in a sentence;
time – manner – place;
past participle goes at end of sentence;
infinitive goes at end of sentence after a modal verb;
infinitive goes at end of sentence after *werden* (future tense and conditional);
where two verbs go at the end of a sentence, the finite verb (the one with a changeable ending) comes last.

2
Suggested answers (others are possible):
a Für ihn ist diese Arbeitsstelle ideal, da er gerne im Freien arbeitet.
Da er gerne im Freien arbeitet, ist diese Arbeitsstelle für ihn perfekt.
b Als die alte Dame ihn sah, fuhr er zu schnell die Hauptstraße entlang.
Zu schnell fuhr er die Hauptstraße entlang, als die alte Dame ihn sah.
c Neulich haben Naturwissenschaftler Fortschritte bei der Stammzellenforschung gemacht.
Bei der Stammzellenforschung haben Naturwissenschaftler neulich Fortschritte gemacht.
d Weil ich gegen die Atomkraft bin, hätte ich gern an der Demonstration teilgenommen.
An der Demonstration hätte ich gern teilgenommen, weil ich gegen die Atomkraft bin.
e Für verschiedene Krankheiten werden bald Therapien möglich sein.
Bald werden Therapien für verschiedene Krankheiten möglich sein.

3
a Glücklicherweise war seine Bewerbung erfolgreich.
b Weil sie sich dafür interessierte/interessiert hat, hat sie den Täter-Opfer-Ausgleich gefördert.
c Ohne deine Hilfe hätte ich es nie geschafft.
d Obwohl er Autos nicht mag, hat mein Freund seinen Führerschein bekommen.

The future perfect tense (page 57)

1a
a wird, haben, b werden, sein, c wird, haben, d werde, sein, e werden, haben, f werden, sein

1b
a In wenigen Minuten wird der Reiseleiter uns den Dom gezeigt haben.
b Innerhalb der nächsten zwanzig Jahre werden die ersten Touristen ins All geflogen sein.
c Am Ende des Jahrzehnts wird man bessere Kleidungsstoffe entwickelt haben.
d In zwei Jahren werde ich Lehrerin geworden sein.
e In absehbarer Zukunft werden fast alle Haushalte diese Technologie gekauft haben.
f In drei Monaten werden wir nach München umgezogen sein.

2
a In sechs Monaten werde ich die Schule verlassen haben.
b In zwanzig Jahren wird diese Stadt gewachsen sein.
c Nächstes Jahr wird er ein Motorrad gekauft haben.
d Am Ende des Jahrzehnts werden Naturwissenschaftler diese Technologie entwickelt haben.
e In vierzig Minuten werden sie am Bahnhof angekommen sein.
f Bald werden alle meine Freunde Arbeit gefunden haben.
g Nächsten Monat werde ich genug Geld für ein Auto verdient haben.
h Morgen wird die Demonstration stattgefunden haben.

The conditional perfect (page 58)

1a
a hätte, b wäre, c hättet, d wären, e wäre, f wärst

1b
1e gesehen, **2c** mitgekommen, **3a** konzentriert, **4d** mitgearbeitet, **5f** gefahren, **6b** bestanden

2
Suggested wording:
a Hätte ich nur weniger Bier getrunken!
b Wäre ich nur früher ins Bett gegangen!
c Hätte ich nur nicht so viele Pommes frites gegessen!
d Hätte ich nur mehr gearbeitet!

3
Students' own answers.

lassen with an infinitive (page 59)

1
a He lets me wait/keeps me waiting.
b My parents let me drive their car.
c The windows can be opened.
d You let me play with your computer.
e We get the carpets cleaned.
f He's getting his arm operated on.
g They're having a villa built in Portugal.
h I got my bike repaired.

2
a Ich lasse die Kinder bis zehn Uhr fernsehen.
b Lassen die Lehrer uns nach Hause gehen?
c Er hat die Teller fallen lassen.
d Sie lässt ihre Schuhe reparieren.
e Wir lassen einen neuen Wintergarten bauen.
f Ich habe meine Fingernägel bunt lackieren lassen.

3
a Das Unternehmen lässt seine Arbeiter eine Mittagspause machen.
b Gestern haben die Eltern ihre Kinder bis spät fernsehen lassen.
c Meine Schwester lässt sich am Bein operieren.
d Letzte Woche habe ich mir die Haare schneiden lassen.
e Ich werde meinen Computer reparieren lassen.

Mixed practice (page 60)

1
a3, b6, c2, d1, e5, f4

2
Students' own answers.

3

	machen	müssen	geben
present	macht	muss	gibt
imperfect	machte	musste	gab
perfect	hat gemacht	hat gemusst	hat gegeben
future	wird machen	wird müssen	wird geben
passive	wird gemacht		wird gegeben
pluperfect	hatte gemacht	hatte gemusst	hatte gegeben
future perfect	wird gemacht haben	wird gemusst haben	wird gegeben haben
conditional	würde machen	würde … müssen	würde geben
conditional perfect	hätte gemacht	hätte gemusst	hätte gegeben
present subjunctive	mache	müsse	gebe
imperfect subjunctive	machte	müsste	gäbe

Mixed practice (page 61)

4

a Aber manche Zweibeiner werden dann zufällig auch gesehen.
b wenn, ob
c (da)von, in, (da)gegen
d manchen, deutschen, sogenannte, persönliche

5

1 In manchen deutschen Wäldern fand man sogenannte Wildkameras.
2 Als ein Tier vorbeilief, konnte man Bilder davon sehen.
3 So erfuhr man, ob es in Niedersachsen wieder Wölfe gab.
4 Aber manche Zweibeiner wurden dann zufällig auch gesehen.
5 Als die Kameras persönliche Daten aufnahmen, waren die Datenschützer dagegen.

6

2 Wenn ein Tier vorbeigelaufen wäre, hätte man Bilder davon sehen können.
3 So hätte man erfahren, ob es in Niedersachsen wieder Wölfe gibt.
5 Wenn die Kameras persönliche Daten aufgenommen hätten, wären die Datenschützer dagegen gewesen.

Test yourself (page 62)

1a & 1b

Der Lokomotivführer eines Güterzugs, der mit einem Personenzug zusammengestoßen <u>war</u>, <u>sagte</u> am Montag zum Beginn eines Prozesses, er <u>könne</u> den Unfall "nicht erklären".
Er <u>finde</u> es unmöglich zu sagen, ob es am dichten Nebel gelegen <u>habe</u>, oder aus anderen Gründen passiert <u>sei</u>. Das <u>sei</u> ihm bis heute unerklärbar. Er <u>sprach</u>, als ob er wirklich keine Ahnung <u>hätte</u>.

1c

könne – present subjunctive,
habe – present subjunctive,
sagte – imperfect,
zusammengestoßen war – pluperfect,
finde – present subjunctive,
hätte – imperfect subjunctive,
sei – present subjunctive,
sprach – imperfect

2

(Other correct wording possible.)
Der Fahrer eines Lastwagens, der mit einem Auto zusammengestoßen war,
sagte, er könne den Unfall erklären.
Er sagte, er sei nicht eingeschlafen
und es sei ihm klar, dass es am dichten Nebel gelegen habe.
Er sprach, als habe er keine Zweifel.

Test yourself (page 63)

3

a ankommen, b verbreiten, c werden, d sein, e nennen, f werden

4a

Das Cloud Computing <u>ist</u> in der deutschen Unternehmenswirklichkeit <u>angekommen</u> (3). Die Virtualisierung <u>verbreitet sich</u> (1) sehr schnell. Immer mehr Arbeitnehmer <u>würden</u> gern mit ihren privaten Geräten zu Hause <u>arbeiten</u>. (7) Die Sorgen mancher um Sicherheit und Datenschutz <u>werden</u> "irrational" <u>genannt</u>. (6) Bald <u>wird</u> diese Technologie Teil des Alltags <u>geworden sein</u>. (8)
1 present ✓, 2 imperfect, 3 perfect ✓, 4 pluperfect, 5 future, 6 passive ✓, 7 conditional ✓, 8 future perfect ✓

4b

a angekommen – perfect tense: past participle goes at the end of sentence.
b arbeiten – conditional: infinitive goes at the end of the sentence.
c genannt – passive: past participle goes at the end of the sentence.
d sein – future perfect: the infinitive goes at the very end of the sentence, after the past participle.

5

Suggested answers (others are possible).
In der deutschen Unternehmenswirklichkeit ist das Cloud-Computing angekommen.
Sehr schnell verbreitet sich die Virtualisierung.
Zu Hause würden immer mehr Arbeitnehmer gern mit ihren privaten Geräten arbeiten.
"Irrational" werden die Sorgen mancher um Sicherheit und Datenschutz genannt.
Diese Technologie wird bald Teil des Alltags geworden sein.

Test yourself (page 64)

1

1 können, 2 legt, 3 operieren, 4 ist, 5 kommunizieren, 6 erhöht

2

Er sagt, mit neuen Formen der Ultraschalltherapie könnten Chirurgen manchmal auf blutige Schnitte verzichten.
Er sagt, der Patient lege seinen Kopf in einen Ultraschall-Helm.
Er müsse sich deshalb nicht operieren lassen.
Weil keine Narkose nötig sei, könne der Chirurg mit dem Patienten kommunizieren.
Das erhöhe den Erfolg der Behandlung.

3

a Patienten müssen sich nicht so oft operieren lassen.
b Chirurgen lassen die Patienten kommunizieren.
c Die Ultraschalltherapie lässt die Chirurgen auf Schnitte verzichten.
d Solche Therapien würden den Erfolg der Behandlung erhöhen.
e Ich würde mich lieber einer Ultraschalltherapie unterziehen, als mich operieren zu lassen.
f Dann würde ich keine Narkose brauchen und würde mit dem Chirurg kommunizieren können / könnte mit dem Chirurg kommunizieren.

Test yourself (page 65)

4b

Die Hauseinbruchszahlen <u>werden</u> bald erschreckende Rekordwerte <u>erreicht haben</u>. (c) Manche Politiker <u>sagen</u> (a), es <u>liege</u> (d) an der Öffnung der Grenzen in Europa. Einbrüche und Diebstähle von Kabel und Metall <u>haben</u> auch rasant <u>zugenommen</u>. (b)
In den kommenden Monaten <u>wird</u> die Regierung neue Bekämpfungsstrategien <u>eingeführt haben</u>. (c) Die Aufklärungsrate von diesen Verbrechen <u>ist</u> (a) aber sehr niedrig.
Ein Polizeisprecher <u>meint</u>: (a) "Wenn wir in den letzten Jahren mehr Telefonüberwachungen <u>gehabt hätten</u>, (e) <u>hätten</u> wir diese kriminellen Netzwerke besser <u>aufgedeckt</u> (e)."

4c

a Bald werden die Zahlen erschreckende Werte erreicht haben.
b Manche sagen, es liege an der Öffnung der Grenzen.
c Die Regierung wird neue Strategien eingeführt haben.
d Wenn wir mehr Telefonüberwachung gehabt hätten, …
e Wir hätten diese Netzwerke aufgedeckt.

5a

a In zwei Jahren <u>werden</u> sich die Diebstahlzahlen <u>erhöht haben</u>.
b Er sagt, seiner Meinung nach <u>liege</u> es am Mangel an Telefonüberwachungen.
c Die Polizei <u>wird</u> mehr kriminelle Netzwerke <u>aufgedeckt haben</u>.
d Wir <u>werden</u> härtere Strafen <u>eingeführt haben</u>.
e Wenn wir die Grenzen nicht <u>geöffnet hätten</u>, <u>hätte</u> es nicht dieses Problem <u>gegeben</u>.

5b

a In two years the number of thefts will have increased.
b He says, in his opinion, it's due to the lack of phone tapping.
c The police will have uncovered more criminal networks.
d We will have introduced harder punishments.
e If we hadn't opened the borders, there wouldn't have been this problem.

AQA German A2 © Nelson Thornes. Photocopying prohibited.